## "文化广西"丛书编委会

**总策划** 范晓莉

**主　任** 利来友
**副主任** 张艺兵
**成　员** 黄轩庄　韦鸿学　石朝雄　刘迪才
　　　　　石立民　卢培钊　陈　明　黄　俭

文化广西

—史传—

# 寓桂历代名人

蒋钦挥 等 编著

广西师范大学出版社
·桂林·

### 图书在版编目（CIP）数据

寓桂历代名人 / 蒋钦挥等编著 . —桂林：广西师范大学出版社，2021.6
（文化广西）
ISBN 978-7-5495-7852-8

Ⅰ . ①寓… Ⅱ . ①蒋… Ⅲ . ①名人—列传—广西 Ⅳ . ① K820.867

中国版本图书馆 CIP 数据核字（2021）第 081122 号

| 出 版 人 | 黄轩庄 | 责任编辑 | 张昀珠　文秋鸾 |
|---|---|---|---|
| 出版统筹 | 郭玉婷 | 助理编辑 | 杨昕然 |
| 设计统筹 | 姚明聚 | 责任印制 | 王增元　石玉珏 |
| 印制统筹 | 罗梦来 | 书籍设计 | 姚明聚　徐俊霞　刘瑞锋 |
|  |  |  | 唐　峰　魏立轩 |

| 出　　版 | 广西师范大学出版社 |
|---|---|
|  | 广西桂林市五里店路 9 号　　邮政编码　541004 |
| 网　　址 | http://www.bbtpress.com |
| 发行电话 | 0773-2802178 |
| 印　　装 | 广西民族印刷包装集团有限公司 |
| 开　　本 | 1230 mm × 880 mm　1/32 |
| 印　　张 | 6.5 |
| 字　　数 | 100 千字 |
| 版　　次 | 2021 年 6 月第 1 版　　2021 年 6 月第 1 次印刷 |
| 书　　号 | ISBN 978-7-5495-7852-8 |
| 定　　价 | 28.00 元 |

如发现印装质量问题，影响阅读，请与出版社发行部门联系调换。

# 前　言

作为中华民族大家庭中的一员，广西从未疏离于华夏文明之外。千百年来，中原文化与岭南文化的相互交融，推动着广西文化的开发与发展。今天摆在读者面前的这本《寓桂历代名人》对人物的介绍与评论却与古人所编写的大不相同——以更为全面的视角反映时代精神。文化的开发，离不开桂籍人士的努力，也离不开外地籍人士的教化与引导，广西独具特色的自然环境和人文环境对寓桂人物的思想感情、文艺创作的影响也在本书作者的考虑之中。本书选择的人物中以正面人物为主，主要有下面三种：

在广西为官的士子。广西偏于一隅，开发较晚，"时运低，掣四西；低又低，掣广西"是当时的生动写照。历代到广西任职的官员有殷殷报国志，如在秦始皇统一中国的过程中，史禄主持开凿灵渠，促进了交流与融合，为广西留下了足可以与长城媲美的不朽工程——灵渠；东汉时的马援平定交趾叛乱，使国家统一得到维护。上到经略安抚使、巡抚、刺史，下到县令、幕僚，如王守仁、于成龙、谢启昆、张鸣岐等呕心沥血，带来中原文化；

为了民众的福祉，他们引进先进生产技术，与当地人民一起开发、建设广西，如孟尝治下合浦社会繁荣和谐，"珠还合浦"美名传为千古佳话。众多优秀的中原籍官员被委派至岭西任职，既是对广西注入新鲜的血液，也是广西文化为全国知晓的重要条件。此外，寓桂历代名人对昌明文化颇为重视，或重建书院，或碑碣留声，或辑录风俗故事，如莫休符写《桂林风土记》、段公路著《北户录》、范成大作《桂海虞衡志》、汪森编成"粤西三载"（《粤西诗载》《粤西文载》《粤西丛载》）等，为广西文化的发展留下浓墨重彩的一笔。

流徙边地的谪官。旧时，广西被认为是地旷人稀的未开化之地。因此，中原不少名人才子因贬谪或除名羁管来到这里。于是，就有了柳宗元、元晦忧愤而至，黄庭坚、秦观落寞而来。这些曾身居朝堂的谪官虽被编管，却有机会和底层百姓一起生活，共同开发、建设广西，并在此过程中发现广西之美、广西之好，由此在岁月、伤痛和不断的挫折中依然保留着单纯、乐观、宽容和积极的态度。

幕天席地的旅人。他们或是慕广西山水之名而来，如徐霞客在广西游历多时，对我国古代岩溶洞穴的研究更是别开生面；或是匆匆的过客，去往广东或海南，如汤显祖游涠洲珠池。他们虽然在广西暂住半月或数日，但是，这片土地上美丽神奇的风光、敦厚纯朴的民风、勤劳善良的人民，吸引了无数文人墨客的目光，留住了他们匆匆的脚步，让原本失意、消沉的过客，顿生意外之喜，直把谪旅当奇游，留下千古传唱的诗文，让广西的名片传播得更远!

在古代文化背景下,寓桂历代人物以双重或多重身份来到广西,对于建构广西与中原地区的沟通体系,促进各民族之间相互认同、融合、交流与共存共荣的多元文化,具有重要的现实意义。

这本小书沿着时间线索编排人物,我们还可探究与窥视传统中国文人丰富的内心世界和独特的心理气质,是把广西文化纳入全国文化版图的展示。所选的寓桂人物,是清以前各个时代的典型代表,是对广西做出一定贡献的文化人士。他们仅是众多人物中的佼佼者。今天,弘扬他们的嘉言懿行、道德文章,仅仅是想表明:对为这片土地做出过贡献的人,我们永远不会忘记。

# 目 录

## 秦汉

史　禄：咫尺江山通楚越　史君才气卷波澜　　2
马　援：开发岭南有大功　百姓至今祭伏波　　6
孟　尝：珠还合浦留美名　一个成语传千古　　10

## 三国两晋南北朝

陆　绩：官员一块镇船石　千古流传是美名　　16
陶　璜：周穷好施有谋略　交州刺史得人心　　20
颜延之：独秀峰下读书岩　始安太守始取名　　23
冼夫人：顾念大局平番乱　巾帼英雄第一人　　26

## 唐

李　靖：人神合一李天王　也曾结有广西缘　　32
宋之问：魂归岭南留胜迹　所咏诗篇传远近　　35

| | |
|---|---|
| 鉴　真：澜涛南送东渡僧　虔心人迎受戒师 | 40 |
| 全　真：三教原来是一家　全州得名因为他 | 45 |
| 李商隐：行吟桂林山水间　欲回天地入扁舟 | 49 |
| 柳宗元：刺史城市互成就　柳侯碑冢传佳话 | 53 |
| 元　晦：忠直敢谏贬岭南　叠彩诗文传千年 | 58 |
| 段公路：岭南奇闻《北户录》　奇说异书长安人 | 62 |
| 刘　恂：流寓岭南体民情　写就岭南博物志 | 66 |
| 莫休符：桂林美谈传千古　风物人情暖世人 | 70 |

## 宋

| | |
|---|---|
| 柳　开：皇帝赏钱不私贪　开化当地办学堂 | 76 |
| 李师中：四年尽瘁今归去　不负斯民只负身 | 79 |
| 苏　缄：舍生取义守邕城　殉职入祭六公祠 | 83 |

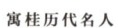

| | | |
|---|---|---|
| 苏东坡： | 廉州有幸留鳞爪　万里瞻天怀故人 | 87 |
| 黄庭坚： | 多少长安名利客　机关算尽不如君 | 91 |
| 秦　观： | 海棠桥畔醉人归　醉乡广大人间小 | 95 |
| 米　芾： | 大匠初仕到桂林　天下谁人不识君 | 99 |
| 范成大： | 留下《桂海虞衡志》　笔走龙蛇写广西 | 102 |
| 周去非： | 粤右薄宦录风俗　《岭外代答》号压卷 | 106 |

## 明

| | | |
|---|---|---|
| 解　缙： | 谪居南国树诗碑　名士风流千古传 | 112 |
| 王守仁： | 文事武功到极致　先贤八桂留胜迹 | 116 |
| 黄　佐： | 文裕提学精修志　明习掌故多篇什 | 120 |
| 汤显祖： | 涠洲珠池漾诗影　《牡丹亭》外有故事 | 124 |
| 徐霞客： | 志在四方走天下　八桂山水留游踪 | 128 |
| 瞿式耜（附张同敞）：但将一死酬今古　剩有丹心照汗青 | | 131 |
| 朱由榔： | 永历偏安似飘萍　南明政权尽余晖 | 136 |

## 清

| | |
|---|---|
| 于成龙：不以温饱为志向　一代廉吏试锋芒 | 142 |
| 汪　森："粤西三载"碧巢孕　千淘万漉鸿篇诞 | 147 |
| 李　绂：广西巡抚脑壳硬　雍正皇帝屡刁难 | 151 |
| 赵　翼：江山代有才人出　各领风骚数百年 | 155 |
| 谢启昆：心系八桂民生情　治学从政皆有成 | 158 |
| 阮　元：虑外患一代文宗　育桃李经诂山斗 | 162 |
| 梁章钜：广东禁烟称徐公　广西也有梁闽中 | 165 |
| 李彦章：兴学劝农禁歌圩　"多事知府"任评说 | 169 |
| 洪秀全：心系天下"太平"事　创立"天国"虚幻间 | 173 |
| 马丕瑶：清慎自持恤烝民　桂蚕盛景溯滥觞 | 178 |
| 杨道霖：柳柳州后杨柳州　兴利除弊成洪烈 | 182 |
| 康有为：来桂讲学传新知　千秋留得姓名存 | 186 |
| 张鸣岐：多管齐下治八桂　广西新政初有成 | 191 |

| | |
|---|---|
| 后记 | 195 |

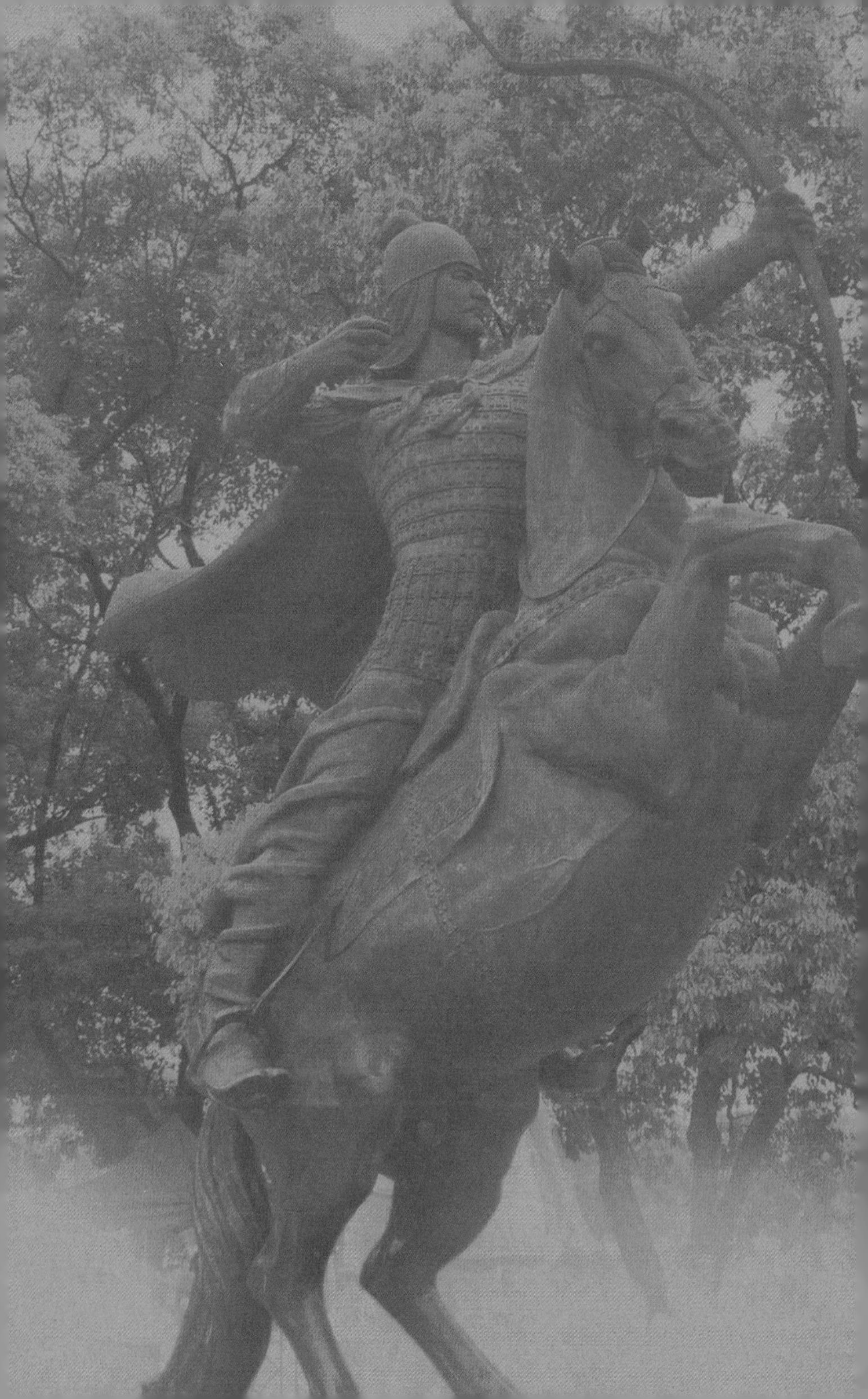

秦汉

## 史禄：
## 咫尺江山通楚越　史君才气卷波澜

灵渠，中国最古老的运河之一，历经两千多年，仍在发挥功用。看到灵渠，就能认识到水利工程"功在当代，利在千秋"的意义。追溯到灵渠凿通的公元前214年，是谁建立了这样的奇功？他就是秦始皇委任的监郡御史——史禄。

史禄的生平未见于任何古籍，其姓氏也已失传。最早提到他的《淮南子》及其后的《史记》和《汉书》，都只提他的官职和名字，即"监郡御史也，名禄"，简称"监禄"。晚唐人莫休符撰写的《桂林风土记》里把他称作"御史史禄"，即用官职做姓氏。后世也沿用至今，称他"史禄"。监郡御史由皇帝任命，直接向皇帝负责，主要监察郡守等人的行政事务。可见，修渠不是监郡御史的本职工作。始皇帝派史禄担任修渠工作组的最高负责人，必然是因为当时紧迫的形势和史禄本人特殊的能力。

当时的情况不难想象：公元前222年，秦军首次征伐百越，付出了比统一六国还要大的代价，粮草不能及时从长江以北送到前线，造成军队战斗力下降。正当军情胶着之时，一个名叫禄的人提出了一项极其大胆的建议——修一条运河，打通湘江和漓江，粮草和运兵船便可从巴蜀沿长江直抵珠江，五岭之困即可破局。史禄熟知越城岭的水文地理，他献上的图纸和计划十分可行，打动了包括始皇帝在内的帝国最高决策层，放心将数十万军卒民夫交给他指挥，并动用全国的后勤力量，全力支援灵渠的建设。

湘、漓二江虽相距不远，但水位相差很大，如果直接找最近处凿通，漓江水将像瀑布一样直泻湘江，不可能行船。广西桂林兴安有谚云："兴安高万丈，水往两头流"，说的就是发源于此的湘、漓二江"背道而驰"的现象。史禄等人沿江踏勘，在湘江上游的海洋河选中了一处落差较小的河床，通过筑坝拦河蓄高湘水水位，使入湘的船能够"爬坡"进入漓水。

这道拦河坝设计成"人"字形，称为"天平坝"，即平衡水位之意。天平坝形似铧嘴，前锐后钝。锐角迎面把海洋河水一劈为二：约三成的水流入南渠，沟通漓江；另七成的水在北渠呈"S"形迂回，延长流程一倍，减小落差后注入湘江河道。

史禄的团队仅用了四年时间，就完成了从勘测到通渠的工程，在当时的生产力条件下，如何能达到这样的速度，成了后世津津乐道的一个话题。

观察灵渠的工程细节，可以得知秦代拥有非常成熟的水利技术和一批杰出的工程人员，这是积累了许多代匠师才能得出的建设经验。比如，天平坝用松木做基础，水泡千年不毁；坡面用薄石板竖直插列，形似鱼鳞，可以累积河水冲下的泥沙，不断加固大坝；石料之间开燕尾槽，用铁码打入槽中连接石料，类似木工

的榫接。这些独特的设计，是灵渠历经几千年仍坚如磐石的原因。

史禄并没有把灵渠当做用完既弃的临时性军事工程，而是作为谋定万世基业的交通枢纽来修，从中也能看出秦代包举宇内、连通四海的决心。秦堤全部用加工过的大条石砌建，如同长城一样坚固，沿途还设有用于排洪的泄水天平，在几千年的洪水侵袭下依然保证了堤坝的安全。

公元前214年，灵渠修成，当时水深能通楼船。秦军大举直下珠江，仅用一年多时间就把岭南收归版图。此后两千多年，灵渠一直是中原与岭南的物资、文化沟通要道。历代对灵渠的修补、维护，都离不开史禄最初的设计。兴安百姓感念史禄恩德，将他供奉在四贤祠中，代代敬仰至今。

桂林还有不少民间故事与史禄有关。桂林米粉传说就是史禄的修渠大军始创的。秦军多是西北人，喜欢吃面，但是岭南只有大米。伙夫就照着西北饸饹面的做法把大米磨碎制成粉条。军医则用当地茴香、槟榔、橘皮、桂皮、甘草等中草药熬成药汤，治疗水土不服的病症。为节省时间，大军把粉条泡在药汤里吃，竟出奇地美味。这就是桂林米粉的由来。

灵渠附近还有三将军墓，是为纪念跟随史禄修渠的三位石匠工头。传说张将军因所负责的堤段被洪水冲垮而被砍头，接替者刘将军也丢了性命，李将军继续施工终于成功，他拒绝了赏赐，说不能独自贪功，遂自杀于张、刘二将军墓前。百姓将三人合葬，称为"三将军墓"。从这个故事可以推知，秦律对修渠的赏罚十分严格。不过，在桂林的传说中，史禄与酷吏的形象无关。虽然秦始皇命令史禄修渠是为了王图霸业，但后人赞颂史禄是因为他的才华和给百姓带来的恩泽，描述他是一个团结岭南各族人民、促进民族融合的官员，正如四贤祠大门上刻着的对联："咫尺江山分楚越，史君才气卷波澜"。

（甘宁）

● 桂林人民修建四贤祠纪念监郡御史史禄等先贤，图为兴安灵渠四贤祠大门

## 马援：
### 开发岭南有大功　百姓至今祭伏波

郁江从南宁向东流去，在横县境内有一处水流湍急的狭长河谷，古称乌蛮滩。在乌蛮滩的滔滔江岸，矗立着一座古建筑，这就是著名的千年古寺——伏波庙。

提到伏波庙，不能不说起两千年前率军南征的伏波将军马援。据《后汉书·马援传》记载，马援，字文渊，汉代扶风茂陵（今陕西兴平东北）人，其先祖为战国时期的赵国大将赵奢，因获赐"马服君"封号，后世"子孙因为氏"，改姓马。

马援"少有大志"，"善兵策"。西汉后期，首都长安所在的关中地区战乱不已，马援避居凉州（今甘肃武威）。东汉初年，马援归附光武帝刘秀，历任陇西太守、虎贲中郎将等职，深得刘秀器重，"每有所谋，未尝不用"，是光武帝身边的重要谋士。建武十七年（41），交趾征侧、征贰姐妹反汉，征侧自立为王，占领岭南六十多个郡县。光武帝任命马援为伏波将军，率军南下。马援亲率大军沿湘江经灵渠跨越五岭，再沿桂江、北流江进入交趾，平定"二征"，在今越南北部立铜柱以为界。马援因功被封为新息侯,"食邑三千户"。马援率主力北撤后,留下了一部分将士在此戍边,这些人自称"马留人",意为"马援南征时留下来的人"。时至今日,在当年马援南征沿途经过的北流江、南流江和合浦等沿江、沿海地区,还分布着一些自称"马留人"的居民。

建武二十四年(48),在今湖南省西部地区的五溪蛮起事,六十二岁的马援主动请缨再次南征,但次年在壶头山(今湖南沅陵县高坪乡水田村)病死军中,实现了自己"马革裹尸而还"的夙愿。

马援南征,不仅有效地巩固了东汉王朝对岭南地区的统治,还在岭南地区开凿道路,教民稼穑,有力地促进了当地经济、社会的发展。马援南征给广西留下了很多值得珍视的历史遗迹,围绕桂林伏波山、试剑石、穿山等山水胜迹,流传着很多与马援有关的传说。马援崇拜是岭南地区一种特殊的地域信仰文化,它的形成与地理分布也跟马援南征有关。

伏波庙作为民间崇奉和祭祀马援的主要场所,究竟起源于何时,史书并无明确记载。但有一点是可以肯定的,即伏波庙并不是从一开始就与马援有关,至少可以说,伏波庙并不是马援的"专祀"。

在中国古代历史上,曾有两位伏波将军率军南征。第一位伏波将军是汉武帝时期的路博德。元鼎五年(前112),南越相吕嘉杀汉使反汉,汉武帝以卫尉路博德为伏波将军,率军平定岭南,设置九郡。路博德南征为岭南地区重新归附中央政权立下汗马功劳,深受人们敬仰,广东很多地方的伏波庙祭祀的主

神都是路博德。

北宋宣和二年（1120），宋徽宗降旨赐封伏波将军为"忠显祐顺王"时，也是"两神同一诰命"。苏轼认为，路、马两人对开发岭南均有大功，因此，"两伏波庙食于岭南，均也"。正是由于这种历史因缘，岭南地区很多伏波庙所祭祀的神灵为两位伏波将军，形成特殊的"一庙两主"（即"两祀"）现象。

随着时间的流逝，这种"两祀"现象也在悄然发生变化，尤其是在岭南西部地区（即今广西），马援在伏波庙中的地位逐渐超过甚至取代路博德，成为伏波庙的庙主。今桂北地区的伏波庙已不祭祀路博德了。

伏波庙分布在今广西、广东、海南和湖南西部地区。在广西，凡马援南征所经过的地区均有伏波庙，其中分布最为密集的是北部湾地区，仅在防城港市就有数十座伏波庙。广西境内比较重要的伏波庙有桂林伏波山伏波庙和横县乌蛮滩伏波庙。桂林为中原南下岭南的第一站，也是岭南地区重要的政治、文化中心，该地对马援的崇拜历史悠久，至迟在唐代已经建有专门祭祀马援的伏波庙。

明朝天顺年间（1457~1464），靖江亲王主持重修伏波庙。庙成后，天台人孙元肃专门为此撰写《重修伏波庙碑》，其中提到桂林伏波庙的起源：汉伏波将军马援，建武中，交趾蛮夷背叛，光武特遣将兵击之。时闻薏苡可御瘴，因取以利边用。叛夷既平，凯旋经广右，适遭明珠之谤，遂投掷于城东山洞间。今山名"伏波"，洞名"还珠"者，盖以此也。后人思其功，虽没世不能忘，因面山作庙以祀之。

  桂林的伏波庙位于今伏波山下，历史上经过多次重修。清光绪十六年（1890），广西巡抚马丕瑶上奏朝廷，请求将马援与明代王守仁在广西的庙祀一并列入官方的春秋祀典，光绪皇帝批准了马丕瑶的请求，还亲自为桂林伏波庙御书"铜柱勋留"匾额一方。

（范玉春）

● 桂林伏波山公园门口马援铜像

## 孟尝：
## 珠还合浦留美名　一个成语传千古

在浩如烟海的汉语成语当中，有许多含有地名的成语，每当读到用到这些成语，我们会猛然发觉自己与古人之间有一条纽带紧紧相连，仿佛一下子拉近了历史时空的距离。

东汉时期，一位名叫孟尝的名臣曾在广西合浦留下不朽的事迹，其中流传最广的就是著名的"珠还合浦"的故事。因为被人们广为传颂，"珠还合浦"逐渐成为一个成语，写进了中国典籍中。

据《后汉书·孟尝传》记载，孟尝，字伯周，会稽上虞（今浙江绍兴）人，生卒年代不详。孟尝出身郡吏世家，祖上三代都曾做过郡吏，而且都因正直守节而死。曾祖父孟英，因为替会稽太守顶罪入狱，绝食而死；祖父孟章因讨伐叛贼兵败阵亡；他的父亲也在郡吏职位上殉职。

孟尝出生在这样一个世代注重忠义操守的家庭，从小就秉承家风，以高尚的道德修养闻名乡里。孟尝刚刚走上仕途是在汉顺帝时期，最初担任上虞县户曹史，是一个掌户籍的小官。就算在当这个"芝麻小官"的时候,孟尝也努力做一个清廉为民的好官。

当时孟尝碰到一件冤案,一位农妇被小姑诬告毒死婆婆,孟尝获知真相后为农妇鸣冤,太守置之不理,冤杀农妇,孟尝为此愤而辞官。前任太守卸任,新任太守上岗后,孟尝终于找到机会再为农妇喊冤。经过孟尝锲而不舍的努力,被冤枉的农妇终于获得平反。因为这件案子,孟尝清名远播。

此后,孟尝因为"清行出俗,能干绝群",先被郡里荐为"孝廉",后来又被推举为"茂才"。"孝廉"即孝顺父母、品行清廉之士,"茂才"是才学出众的人,孟尝孝廉与茂才并举,堪称德才兼备。作为储备人才,孟尝不久后官拜徐县(治今江苏泗洪县)县令。

汉朝时期,合浦郡农耕业不发达,当地百姓以入海采珠为生。合浦珍珠负有盛名,被视为奇珍异宝,吸引了来自中原和交趾(今越南)的客商。合浦的市场上曾一度"以斗量珠",富甲一方。而到了汉顺帝时期,合浦官吏借"山高皇帝远"的便利,大发珍珠财,不仅对珠民横征暴敛,还垄断了珍珠贸易,驱使珠民无节制地捕蚌采珠。由于滥采不止,合浦珠源枯竭,经济面临崩溃。再加上官府盘剥严重,合浦郡民不聊生,商人也不来贸易了,百姓穷困潦倒,甚至常常有人饿死。

当时孟尝在徐县县令任上政绩卓著,州郡长官上书朝廷表彰他的才能,加上同乡先辈綦毋俊的举荐,于是朝廷任命孟尝担任合浦郡太守,挽救当地的局面。

孟尝来到合浦之后,怀着拳拳为民之心治理地方,深入体察百姓疾苦,每一项施政措施都针对当地的症结下手。他首先整肃

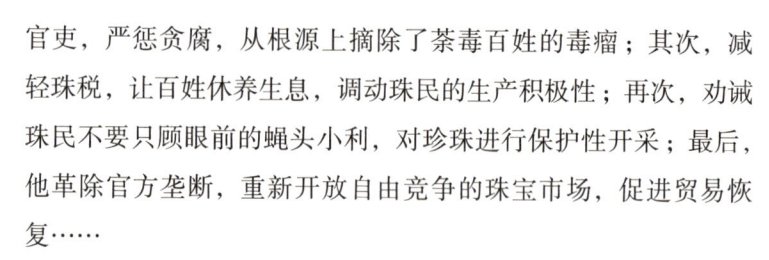

官吏，严惩贪腐，从根源上摘除了荼毒百姓的毒瘤；其次，减轻珠税，让百姓休养生息，调动珠民的生产积极性；再次，劝诫珠民不要只顾眼前的蝇头小利，对珍珠进行保护性开采；最后，他革除官方垄断，重新开放自由竞争的珠宝市场，促进贸易恢复……

孟尝的改革立竿见影，不到一年时间，"去珠复还，百姓皆反其业，商货流通"。在他的治理下，合浦政通人和，富庶景象更胜当年。百姓重新过上丰衣足食的日子，将这位拯民于水火的父母官奉若神明，称其"廉能生珠"，四处传颂"珠还合浦"的传奇。

孟尝在合浦郡当了十年太守，为治下百姓鞠躬尽瘁，深受人民爱戴。因为积劳成疾，孟尝上书请辞还乡。

离开合浦那天，当地民众不舍这位清官，不论官吏还是平民一齐拥在孟尝的车前，拉着车辕不肯放他走。史料记载，当时"万民跪泣，哀声震天"。孟尝无奈，只好暂时返回官邸，到夜深人静时脱下官服，乘坐一艘乡民的小船，这才偷偷"逃离"了合浦。

孟尝辞官回到家乡上虞后，隐居村落，耕田种地，自给自足。合浦人没有忘记这位好官，想到孟尝在任时两袖清风，为治理合浦积劳成疾，珠民们担心他退隐后生活贫困，于是自发捐出一斗珍珠，派人送往孟尝家乡。孟尝本来坚决不肯收，但来人长跪不起，盛情难却之下只得收下珍珠。但是他并没有自己享用这笔财富，而是用来为当地兴修水利。至今浙江绍兴仍留有"还珠桥"古迹，桥亭上有一副对联："亭旁孟尝仁风广被，还珠合浦韵事流传。"

孟尝辞官后,同乡杨乔先后七次上书汉桓帝,请求起用这位人才。杨乔在《上荐孟尝书》中一再称赞孟尝的才能,然而孟尝一直未被重新起用,七十岁时在家乡逝世。

合浦百姓为纪念孟尝,建起了孟尝祠、还珠亭(又称海角亭),追思祭祀,感念他的恩德。宋朝时期,旅桂的苏东坡来到合浦,为海角亭书写了"万里瞻天"匾额。

岁月悠悠,这些建筑几经损毁,合浦人又数度重建,如今已成为当地著名的景点,承载着合浦人民千百年来对清官孟尝的怀念。

(孙鹏远)

● 孟尝塑像

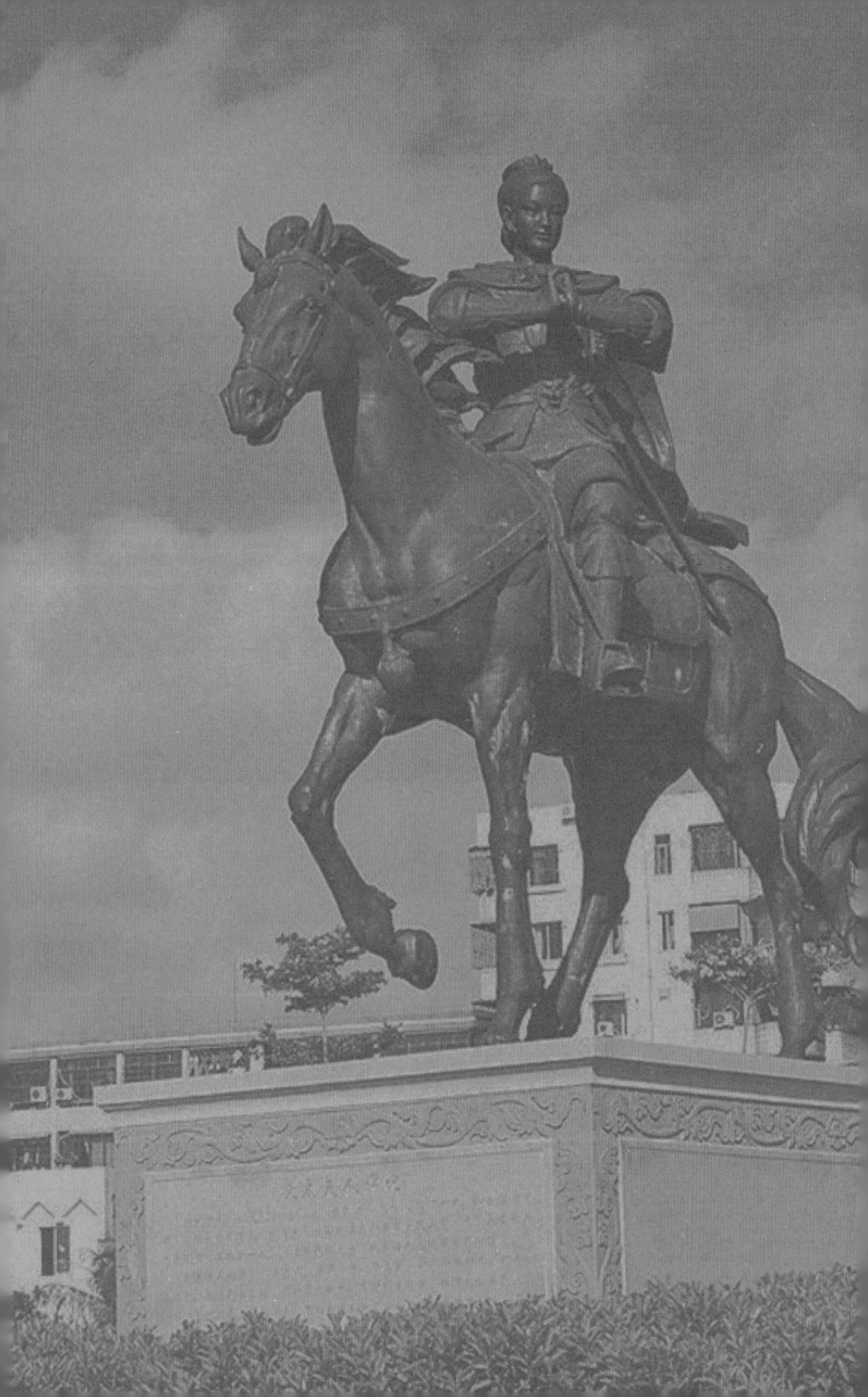

# 三国两晋南北朝

## 陆绩：
### 官员一块镇船石　千古流传是美名

政绩人走后，毁誉阁间间。在一千八百多年前，有位古代官员离任时，以一块石头镇船，留下千古美名。广西的郁林就有幸迎来了这样一位好官！

这个官员叫陆绩（187~219），字公纪，吴郡（治今江苏省苏州市吴中区）人。父亲陆康曾任庐江太守。陆绩小时候在做客时想拿橘子给母亲吃，这件事上了《二十四孝》，取名"怀橘遗亲"。

陆绩长大以后，博学多识，通晓天文、历算，与那位叫"凤雏"的庞统成为忘年交；诸葛亮在东吴"舌战群雄"时，还与他打了"嘴巴仗"。最让人刮目相看的是他对治理天下的看法。孙策主政时，因境内尚未统一，聚集了一些臣僚出谋献计，陆绩年纪虽然不大，但有学问，于是也被邀请参加。当时大家众口一词，主张多用武力统一全境。陆绩却勇于提出反对意见，引人侧目。

建安五年（200），孙权主政后，陆绩被任命为曹掾，相当于胥吏。建安十三年（208）赤壁大战，孙权、刘备联盟大破曹军后，孙权拜陆绩为偏将军，命他领兵二千，征伐岭南，去夺取郁林郡。当时那里地域很宽,生产落后,很多地方刀耕火种,百姓平时上山打猎的时间多。而且,民族相互之间常常争执械斗。陆绩上任后,勤政廉政,教民定耕稼穑,种植瓜果林木,纺纱织布,使相当多的农民得免饥荒。为了让郁林郡的农民更快地掌握生产技术,脱贫致富,他还从自己家乡请来有专长的工匠和农民,把长江流域的先进生产方式带到郁林。在这样的基础上,他又在当地兴办学校,教民读书,使百姓知教化,于是,郁林大治。

在陆绩率兵民建设郁林郡之时,正值雨季,郁江洪水泛滥,导致痢疾流行,大量人畜死亡。他亲率民众,筑堤治水,命士兵在郡城南面打井开渠,最终解决了水患,扼制了疫病传播,改善

● 陆绩·廉石景观雕塑群

了百姓的生活环境。

不幸的是,因早年有足疾,加上岭南山区的瘴疠之气,以及繁忙的军政事务,这些都慢慢摧残着陆绩的健康。他终于病倒了,不得不辞官返还家乡苏州。

一两千年前,广西还没有公路,陆绩的老家在千里之外,他只能坐船走水路。行程应该是从郁林郡治布山县向北在黔江上船取水路,经梧州转溯桂江,再经桂林过兴安灵渠,下湘江到洞庭湖,沿长江接运河到苏州。

在大江大河里行船,船越轻越不安全,何况广西境内河流湍急,滩陡弯多。船家建议他搬几块石头压住船,免得船轻飘飘的,被风浪吹翻。陆绩一身萧条,行李稀少,不得不找来一块山石镇船。岸上成群结队前来送别的百姓见此情景,非常感动,便齐心合力,给陆绩把石头搬上船。

想是陆绩没有刻意做这件事,回到家乡就把石头丢在荒野,没当一回事。不久,他就去世了,享年三十二岁。

若干年后,陆绩的家族没有忘记他和这块来自郁林郡的石头,他们把这块"郁林石"当作清白传家的见证和族训。后来,监察御史樊祉把这块"郁林石"搬至苏州城中心察院场,在石上刻"廉石"两个大字,并置亭、题跋。清康熙年间,苏州知府陈鹏年又将此石移入苏州府学内,立为做官之楷模。"廉石"因陆绩的声名远播而传世,陆绩也因"廉石"的声名远播而流芳。

人心是秤。郁林的人民同样没有忘记陆绩和"廉石"。为感念其恩,郁林人将当年陆绩带领民众打的井,称为"陆公井"。

到了数百年后的五代十国时，南汉的官员为了纪念陆绩，在他打的井旁种了一棵橘子树，取名"怀橘井"。到了明清两代，郁林州城内又建有"景陆台""爱石轩"。

到了当代，人们更没有忘记陆绩和"廉石"。在苏州，这块"廉石"又搬到了苏州中学的泮池北，以让更多的学生受到感化。周恩来总理了解到"廉石"的故事后曾指示："一定要把这块石头妥善保存，以教育后人。"

陆绩治郁距今已有一千八百年历史，但至今想起，仍对他肃然起敬。

（虞达文）

## 陶璜：
## 周穷好施有谋略　交州刺史得人心

《晋书·陶璜传》载，陶璜，生卒年不详，字世英，吴丹阳郡秣陵（今南京）人。在交州历三十年的政治军事生涯中，他"有谋策，周穷好施，能得人心"。

三国时，交州为吴国属地。当时吴国君主孙皓残暴，交趾郡守孙谞也贪婪、暴虐。恰逢吴国的特使邓荀来交趾，要调用孔雀三千只，引发民怨，交趾郡吏吕兴借机发动政变，攻杀孙谞和邓荀，叛吴附魏，九真、日南等郡响应。

不久，吕兴为部属所杀。司马氏（此时司马氏已代魏立晋）占领了交州南部。为了保全交州北部，三国吴建衡元年（269）十一月，吴帝孙皓派大军由荆州、建安海道分水、陆两道进军，约定会师合浦，共同进击交趾等三郡。陶璜就是这支吴国军队的主将之一。

至合浦郡后，陶璜积极请战，然而初战告败，吴军再次退保合浦郡城。为提振士气，陶璜当晚亲率数百精兵，由海道袭击九真成功，获得大量物资满载而归。

吴建衡三年（271），陶璜又从海道出其不意攻交趾等三郡，九真郡守董元拒之。两军对阵，吴军诸将就要冲杀，陶璜看到晋军后面有断墙，估计有埋伏，便布置长戟手隐于冲锋队之后。双方才接战，晋军即败退，吴军追至断墙处，果然有伏兵出击抗拒，于是吴军长戟队上前对敌，大破晋军。董元遂退守郡城不出。

要攻陷坚城，吴军兵力不足，交州又一时无法扩兵，陶璜于是把前次夜袭董元夺得的锦帛数千匹，赠给农民义军首领梁奇；还用了反间计，使董元杀掉勇将解系。此后，吴军全力攻九真，董元被杀。于是，陶璜等进围交趾郡城两三个月。晋军外无援兵，内无粮草，只得向陶璜请降。

出人意料的是，陶璜竟拒绝了晋军的投降，反而给敌方送去一批粮草，诸将认为此举将养虎为患。陶璜却说："城内与晋大将霍弋有约，围城百日而降，他们后方的家属能得以保全。现霍弋已死，晋军肯定不会来救他们。我们何不成人之美，等到百日之约到期，再接受对方投降，这样既可保全他们的家属，又可显示我们的仁义。"果然，百日期满，晋援军不到，陶璜才接受晋军投降。不久，日南、九真等郡都不战而降于吴。

由于陶璜屡建奇功，吴帝孙皓加封他为使持节，都督交州诸军事，领前将军、交州牧。陶璜还用武力征服了"历世不宾"的武评、九德、新昌等三十多个属县，新设三郡，扩大了交州的地域，减少了地方豪强的互相攻伐。

交州稳定后，吴帝孙皓曾调陶璜为武昌都督，"交州土人请留璜者以千数"，孙皓只好收回成命。吴天纪四年（280），孙皓

降晋，派陶璜子陶融送来亲笔信，令陶璜降晋，"璜流涕数日"，才遣使送印绶至洛阳交晋朝廷。

陶璜降晋后，晋武帝司马炎鉴于他在交州的威望，仍任命他为交州刺史，封宛陵侯、冠军将军。晋统一全国后，要求各州削减军队。陶璜上书晋武帝，认为交州不能削军。理由是：交州地处荒远，所属日南郡离州治千余里，有土族首领范熊等自立为王，攻县杀吏，潜藏深山，一时未能剿灭；交州军队连年征战，有减无增；广州之南，有五万余户未臣服，桂林郡亦有万余户未臣服；广州与交州唇齿相依，水陆并通，这些都需要军队维护。陶璜还提出：改变过去吴禁止珍珠买卖的做法，允许珠农买卖；过去吴征调珍珠太多，限额苛刻，建议今后珠农采的上等珍珠减征三分之一，中等减征三分之二，粗珠免征；自每年十月到次年二月非采上等珠季节，听任商贸往来。晋武帝采纳。

陶璜在交州的作为，对交州的稳定和休养生息、恢复生产、发展经济起到了积极的作用，也推进了交州与中原地区的交流。陶璜还采取了一些缓和阶级矛盾的措施，比较关心民间疾苦，史书载他"在南三十年，威恩著于殊俗"，去世时，"举州号哭，如丧慈亲"。此后虽有顾寿等人先后任交州刺史，但都时间不长，后来迎陶璜之子、苍梧太守陶威为交州刺史。陶威承乃父威德，在职甚得民心。再后，陶璜另一子陶淑（陶威之弟）、孙陶绥均为交州刺史，被交州人民所接受。

（施均显）

## 颜延之：
## 独秀峰下读书岩　始安太守始取名

颜延之（384~456），字延年。琅琊临沂（今属山东）人。南朝宋人。其诗和同代的谢灵运齐名，人称"江左颜谢"。他为人刚正不阿，景平元年（423），因冒犯权贵，受到排挤，以员外常侍贬为始安太守，当时始安郡治在桂林。

颜延之可以说是桂林文教事业的创始人。他自幼喜爱读书，《宋书·颜延之传》称："好读书，无所不览，文章之美，冠绝当时。"颜延之居所在独秀峰的东面，这里是始安城的中心。唐莫休符《桂林风土记》记叙独秀峰状貌为："在郭中，居子城正北百余步，高耸直上，周回一里余，迥出郭中，下有岩洞。"独秀峰下有一个光线明亮、冬暖夏凉的岩洞，颜延之请人凿石为床，闲暇就躺在其间读书撰文作诗。他流连独秀峰下勤奋读书，一时传为美谈。此洞被后人称为"颜公读书岩"。宋哲宗元祐五年（1090），时任桂州太守孙览将此五字刻于岩口上方。

颜延之在桂居官的活动，史载不多，诗作也大多散失。然而其文士盛名和诗作之华美，流传千古，对后世形成持久的影响。

颜延之今存诗二十九首。语言雕琢、喜好用典是他诗歌的主要特点。较为人们称道的是《五君咏》五首，借咏晋初"竹林七贤"中的阮籍、嵇康、阮咸、刘伶、向秀五位古人，抒发自己的不平，体现了他性格中正直放达的一面，较其他作品要显得清朗。宋哲宗元祐年间（1086~1094），桂州太守孙览崇学尊儒，在读书岩旁的府学旧址建"五咏堂"纪念颜延之，将黄庭坚所书的颜延之诗句《五君咏》篆刻于岩壁。孙览还写有《五咏堂记》。"五咏堂"和石刻《五君咏》于明末清初孔有德攻桂林城时被毁。清道光十八年（1838），梁章钜手书《五君咏》，并在题跋中记其事："独秀峰旧有始安太守颜延之读书岩，宋孙览筑五咏堂，镌《五君咏》于石。今皆无考。余以旧藏黄山谷书《五君咏》真迹，属郡人陈嵘双钩马秉良市石勒诸山中，用存旧迹云尔。"

颜延之是现知最早写诗歌赞颂桂林山水的诗人。他题写独秀峰的诗，虽然仅留下"未若独秀者，峨峨郛邑间"两句，却也写出了独秀峰拔地而起、一枝独秀的特点，久留清响。唐代郑叔齐《独秀山新开石室记》称独秀峰的得名就是因了此诗句。清代梁章钜撰隶书大字"峨峨郛邑间"于读书岩上方石壁，为独秀峰壮色不少。

颜延之因读书岩的开凿和题写的诗作，提振了独秀峰的名气，使独秀峰成为桂林最早开发的山水景区，颜延之也成为桂林旅游的最早开发者。独秀峰暨读书岩引得四方文人雅士、各界宾客前来观览。他们探奇景、访幽迹，追思先贤懿德，留下许多游览行踪和记载。如今在读书岩旁见到的几十帧石刻，大多与颜延之和读书岩有关，反映了颜延之影响之广。颜氏名诗、山谷真迹、巡抚题跋并刻石，此物可作为"三绝帖"了。20世纪50年代后，桂林市文物单位根据清代梁章钜重刻的《五君咏》拓本，重刻存于桂林市七星公园桂海碑林，成为桂海碑林重要的观赏石刻。

颜延之在桂林约三年，兴学促教，奖励垦荒，减免赋徭，贷粮贷种，发展经济，为传播中原文化身先士卒，深得桂人尊崇。

唐中叶，时任桂管观察使兼御史中丞的李昌巙，继承了颜延之的优良传统，修葺读书岩，在读书岩前开办学宫，成为桂林的第一所州学。

（李建平）

● 桂林独秀峰下的读书岩

# 冼夫人：
## 顾念大局平番乱　巾帼英雄第一人

冼夫人这个名字，离我们很远了，但她的故事仍然值得听一听。周恩来总理曾称誉冼夫人为"中国巾帼英雄第一人"，江泽民同志也盛赞她维护国家统一，增强民族团结，是"我辈后人永远学习的楷模"。

冼夫人，名英（一说名阿莫），南朝梁人，普通三年（522）出生于高凉郡（今广东阳江西）。冼家世代为俚族（东汉末年至唐初岭南地区的土著民族）首领，她在当地算是贵族女子。

冼夫人从小就有"贤明"之名，经常规劝亲族行善，又会行军用兵，在乡里很有威信，以至海南众多俚族人都大老远跑来归附她。

她的名声之盛，连罗州（今广东廉江）刺史冯融都听说了，就替自己的儿子高凉太守冯宝下聘求娶。冼夫人婚后为了帮助夫家推行政令，头一个就要求自己的族人服从指令，又经常协助丈夫断决案件，从此"政令有序，人莫敢违"。

冼夫人二十多岁时，就力请南朝梁在海南岛设置直隶州"崖州"。她还教化民众，传播先进技术，极大地改变了海南部族互相残杀、茹毛饮血的原始落后局面。

南朝是一个战乱不断、朝代更迭频繁的时代。南朝梁太清三年（549），梁将侯景叛乱，攻陷都城建康（今江苏南京）。高州刺史李迁仕认为这是割据称雄的好机会，便一边称病拖延发兵救援的时间，一边争取冼夫人和俚族人的支持，以提高造反成功率。

太清四年（550），李迁仕派人来到高凉请冯宝，说是有要事相商。冯宝正准备出门，被冼夫人拦住："高州刺史奉命援救，理当即刻发兵。可是李迁仕一再拖延时间，迟迟不去；一面又召集人马，他的反迹已经很明显。他一定是想把你骗去关起来作人质，胁迫我也一起造反。"冯宝恍然大悟，就没去。李迁仕见冯宝没有上当，没多久就公开造反了。

冼夫人觉得这正是进攻高州消灭李迁仕的好机会，便对冯宝说："李迁仕在高州力量单薄，我们可以用计消灭他。如果你带兵去，必然会发生激烈的战斗，倒不如派人带着丰盛的礼物，假装是赎前次之罪，同时告诉他，你现在很忙，让我代表你前去。他一定很高兴，会对我们放松戒备。我们把武器藏在礼物里，等进了高州城再发动攻击，必定大获全胜。"李迁仕听说冼夫人亲自来了，随从士兵又挑着担子，果然信以为真。岂料冼夫人一行来到刺史府门口，突然一声号令，一千多名士兵纷纷扔下担子，抽出兵器，出其不意地发动攻击，一举大败李迁仕。

开皇九年（589），隋灭陈，同年进军岭南。这时冯宝已死，冼夫人被部众公推为"圣母"。隋将韦洸一路从江西向岭南进军，

却遇到陈太守徐澄据守南康（治今江西赣州），堵得他不敢前进。韦洸派人送信给冼夫人，告诉她陈朝已亡，劝她归隋。冼夫人召集地方首领会商一番，便派出孙子冯魂，率兵击败徐澄，迎接韦洸到广州。

岭南各州相继平定后，隋文帝封冼夫人为宋康郡夫人。隋以广州、桂州为政治军事中心，依靠南方各民族首领对地方进行管理。但因为官兵贪暴不法，与民众矛盾激化，番禺地方民族首领王仲宣反隋，得到多方响应，引兵围困了广州。

就在隋朝对岭南的统治出现危机之际，隋文帝选派裴矩巡抚岭南。冼夫人再次以国家大局为重，派孙子冯盎带兵击败王仲宣，解了广州之围。冼夫人还亲自率队，陪同裴矩一起巡抚二十余州，委任当地首领为州刺史或县令，岭南局面迅速稳定下来。朝廷因此嘉奖冼夫人，封她为谯国夫人，比照总管衙门设置幕僚机构和属官，能够全权指挥岭南六州兵马。谯国夫人更有一项特殊权力：遇有紧急事故，可以不先奏报朝廷而便宜行事。

隋朝平定岭南后，改广州为番州，除了倚重谯国夫人坐镇岭南地区以外，还派赵讷为番州总管，统辖地方政务。由于赵讷贪污不法，苛虐番民，又导致民怨四起。各部族首领纷纷上书朝廷，甚至叛而自立。隋文帝诏令谯国夫人惩治赵讷，并招抚诸部族。

隋文帝仁寿二年（602），威镇南疆的谯国夫人油尽灯熄，享年八十岁，朝廷谥为诚敬夫人。

冼夫人身后仍然威名长存。海南古镇琼山新坡冼太夫人纪念馆前身为"冼太夫人庙"，始建于明万历三十年（1602）。如今每年前来纪念和瞻仰的人仍有十多万人次。夏历二月初,这里都要进行盛大的民俗活动,甚至模仿当年冼夫人的操军,俗称"装军",以此纪念她。

(杨小柏 龚文颖)

● 冼夫人塑像

真武閣

# 唐

## 李靖：
## 人神合一李天王　也曾结有广西缘

李靖是我国唐代著名的具有传奇色彩的人物，至今被民间称为"托塔李天王"。《西游记》《封神榜》中他是哪吒三太子的父亲，旧时被民间敬奉为神，筑庙宇祭祀。

历史上的李靖，才能超群，功勋卓著，并且跟广西有缘。鉴于他对稳定岭南的贡献，至今平乐县尚有他的巨型塑像立于金字岭公园广场，供人们缅怀瞻仰。据传平乐二塘有一李姓村落，自称家谱有载为李靖直系后人。

李靖（571~649），字药师，雍州三原（治今陕西三原东北）人，唐朝杰出的军事家、政治家，唐太宗手下的著名战将。

李靖长相魁伟，仪表非凡，善于用兵，长于谋略。初为隋朝官员，后被李世民收归麾下，效力唐朝。他随李世民平定王世充和窦建德，又南平萧铣，北灭东突厥，西破吐谷浑，为巩固我国北部和西北部边疆，乃至为唐王朝的建立及发展，立下赫赫战功，成为凌烟阁二十四功臣之一。

他历任检校中书令、兵部尚书，拜尚书右仆射，封卫国公，世称李卫公、李令公。贞观二十三年（649），李靖病逝，终年七十九岁。册赠司徒、并州都督，谥号"景武"，陪葬昭陵。唐玄宗时配享武成王庙，位列十哲。后晋刘昫所著《后唐书》专门为其作传，记载了他的生平事迹。

李靖善于治军，作战经验丰富。他的从战实践，进一步丰富了古代军事思想和兵法理论。著有《李靖六军镜》等多部兵书，可惜今多已失传。后人辑有《唐太宗李卫公问对》，在北宋时期列入《武经七书》，为古代兵学的代表著作之一。

李靖之所以能成为中国古代神话人物、道教神仙，当出自明代古典神话小说名著《封神演义》《西游记》《南游记》等诸多文学作品以及民间传说。民间以文学作品的人物形象为原型，将民间的善恶美丑观念和福佑情感寄于偶像，形成了李靖在民间的神祇地位。在人们的心目中，他身穿铠甲，头戴金翅乌宝冠，左手托塔，右手持三叉戟，腰系宝剑，有六陈鞭、天罡刀，形象威武，人们常用以镇宅辟邪。尤其是他率领部下征战沙场，所向披靡，并着力培养了像薛仁贵等一干青年才俊，故深得老百姓喜爱，这应当是他被民间广泛崇拜的另一原因。

李靖不仅具有杰出的军事才干，而且具有较高的政治谋略。他除了在平定北疆、西北边疆的历次战役中立下赫赫战功，还在安抚岭南边疆时，表现出了杰出的政治家风范。由此他也进一步得到了唐高祖李渊的倚重，特地擢任他为检校荆州刺史，命他安抚岭南诸州，并特许承制拜受，即允许他根据情况，让南方土著民族保持原有的制度不变，并允许他自行做出决定，授予他完全的决策权。

武德四年（621）十一月，李靖越过南岭，到达桂州（即今桂林），派人分道招抚，所到之处，皆望风归降。时地方豪强大首领冯盎、李光度、宁长真等皆派遣子弟求见，表示归顺，李靖承制都授以官爵。于是连下桂管九十六州，所得民户六十余万。自此，"岭南悉平"。李渊下诏劳勉，武德五年，乃任李靖为桂州检校总管，辖九州兵马。授任岭南道安抚大使。

其间，李靖以南方属偏僻之地，距朝廷遥远，隋末大乱以来，兹地未受朝廷恩惠，若"不遵以礼乐，兼示兵威，无以变其风俗"之由，率其所部兵马从桂州（桂林）出发南巡。所经之处，李靖亲自"存抚耆老，问其疾苦"，得到当地人民的拥护，于是"远近悦服"，为安定南疆社会奠定了根基。

李靖在桂州任期间，修建城防，加强城市建设，振兴经济，护民安土，做了大量利国利民的好事。据《[雍正]广西通志》卷三十二《兵防·城池》载，唐武德四年（621），他"筑子城在漓江西浒，周三里十有八步，高一丈二尺"。宋皇祐间，经略使余靖筑外城，方六里。有门六个，南为宁远，北为迎恩，西有平秋和利正二门，东有行春和江门二门。正是李靖所筑子城率先确定了后来靖江王城的核心格局。同时，他也在临源县（今兴安县）构筑了土城，为明成化元年都指挥使马义请示巡抚都御史韩雍修建半砖城墙，奠定了兴安城的城郭基础。

（唐基苏）

## 宋之问：
## 魂归岭南留胜迹　所咏诗篇传远近

宋之问是我国近体律诗定型的代表性诗人之一。他在唐诗格律、音韵的研究及创作实践上，取得了很高的艺术成就，被誉为"唐律之龟鉴""诗家射雕手"。《中国文学史》称其在律诗形式上有重要贡献。他的人生最后旅程则是在广西的钦州、桂州度过的。

宋之问，字延清，一名少连，汾州人。约生于唐显庆元年（656）。父亲宋令文起自乡间，矢志于学，多才多艺，不仅"富文辞，且工书，有力绝人"。在父亲的影响下，宋之问自幼专工文词。上元二年（675），宋之问进士及第，仅十九岁。永隆二年（681），宋之问入崇文馆充学士。天授元年（690）秋，武后称帝，改国号为周，大举擢拔青年才俊，敕召宋之问入阁，不久出授洛州参军。十五年间，宋之问从九品跻身五品学士。

宋之问在武后晚年在宫内任职，常扈从游宴，写过不少应制诗，曾因"夺袍赠宋"事件得以展露文学天赋。据《隋唐嘉话》载，久视元年（700）春，武后游览洛阳龙门，命众臣作诗颂扬，

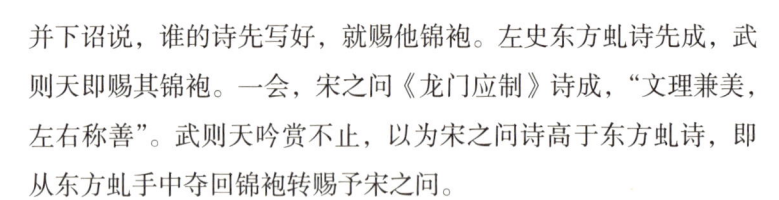

并下诏说，谁的诗先写好，就赐他锦袍。左史东方虬诗先成，武则天即赐其锦袍。一会，宋之问《龙门应制》诗成，"文理兼美，左右称善"。武则天吟赏不止，以为宋之问诗高于东方虬诗，即从东方虬手中夺回锦袍转赐予宋之问。

但是，宋之问为了有更好的升迁，倾心媚附武后的男宠张昌宗、张易之兄弟，《旧唐书·阎朝隐传》云："张易之等所作篇什，多是朝隐及宋之问潜代为之。"

神龙元年（705）正月，宰相张柬之等逼武后退位复唐，诛杀二张，迎立李显为中宗。宋之问在被贬再复出的过程中，为了自身的功名利禄，出卖对自己有恩的朋友，"由是深为义士所讥"。

唐中宗年间的政治动荡及其本身宠辱无常的经历，使宋之问心惊胆战，体会到身处政治旋涡的危险。他从矛盾重重的宫廷被贬到清新秀丽的水乡越州（今绍兴），开始涤净心灵。他在越州登山涉险，访察民生，"颇自力为政"，且政绩显著；从此诗歌创作也开始转入了健康清新的轨道。

就在宋之问开始走上"新生"之路的时候，又一次宫廷政变将他逼上了绝境。安乐公主希望母亲韦后临朝称制，自己当皇太女，效法武则天。景云元年（710），母女俩密谋毒死唐中宗。六月，临海郡王李隆基和太平公主又诛杀韦后和安乐公主，拥立唐睿宗李旦再次即位。唐睿宗认为宋之问曾附二张及武三思，屡不悔改，"狯险盈恶"，遂下诏将他流放钦州。

在唐睿宗即位的次年春天，宋之问流贬钦州途中到达桂州。奇丽的桂林山水吸引住了他的兴趣。他在桂州逗留了半年多时间。

流贬对于官宦来说是不幸的，而对于诗人则可能是有幸的。宋之问的流贬，使他的诗歌题材、情感、主题、意境、风格发生了根本性的变化，也使他的心性与诗性发生了变化。此时他的诗里表现出去国怀乡、忧谗畏讥的心理，表现出迁谪失意而惊魂落魄的悲怨之情。

在贬途和贬所期间，宋之问的诗歌多为山水之作，但这些作品与早期的山水田园诗相比，感情真挚动人，已脱尽绮靡之气；往往在景物描写中浸透着浪子的羁愁和落寞，把他的无尽乡思表现得淋漓尽致，渗透了深刻的人生感受。如在《始安秋日》诗里，像洛阳春日般美好的桂林秋天却令远离家乡的诗人愁断肝肠，更加烦恼和伤感：

桂林风景异，秋似洛阳春。
晚霁江天好，分明愁煞人。
卷云山角戢，碎石水粼粼。
世业事黄老，妙年孤隐沦。
归欤卧沧海，何物贵吾身。

《经梧州》诗中，面对四季如春的南国，已被流放的诗人也只能发出无可奈何的叹息：

南国无霜霰，连年见物华。
青林暗换叶，红蕊续开花。

春去闻鸟山，秋来见海槎。
流芳虽可悦，会自泣长沙。

这年秋天，宋之问从桂林启程继续前往流放地钦州。他乘船从漓江、桂江顺流而下，经梧州再溯浔江而上，沿途客观而又真实地描摹出桂东山山水水的绮丽景色和殊异风情，抒发了对广西大好山河无比热爱之情怀。如《下桂江县黎壁》：

放溜觌前溆，连山分上干。
江回云壁转，天小雾峰攒。
吼沫跳急浪，合流环峻滩。
欹离出漩洑，缭绕避涡盘。
舟子怯桂水，最言斯路难。
……

又如《下桂江龙目滩》：

停午出滩险，轻舟容易前。
峰攒入云树，崖喷落江泉。
巨石潜山怪，深篁隐洞仙。
鸟游溪寂寂，猿啸岭娟娟。
挥袂日凡几，我行途已千。
暝投苍梧郡，愁枕白云眠。

脱离了宫廷的羁绊，诗人便恢复了独立的主体人格和自我思维，其诗作给初唐诗歌注入情感的血液，而且对中国诗歌逐渐由叙事转向抒情的趋势起了重要的推动作用，是中国诗史上的一次革命。《旧唐书·宋之问传》云："之问再被窜谪，途经江、岭，所有篇咏传布远近。"

　　宋之问是一位才华横溢的诗人，然而对仕途过度的渴望、对功名利禄的过分沉溺使他陷入政治旋涡，过早地断送了美好的前程。宋之问后以"赦改桂州"。据《新唐书》说，先天元年（712）八月，"玄宗正位"。宋之问流钦州两年后，被"赐死桂林"，时年约五十七岁。

（潘茨宣）

# 鉴真：
## 澜涛南送东渡僧　虔心人迎受戒师

开元寺，位于象鼻山西畔，是旧时桂林八景之一的"青碧上方"。这里曾经留下了高僧鉴真的一段佳话。

鉴真东渡日本传法，历经六次劫难方才成功。在经历最艰险的第五次东行之后，他在桂林休整讲经一年多，桂林官民僧俗的热情，助他重拾东渡勇气，也给他带来了好运气，再度东渡终于得偿宏愿。

鉴真俗姓淳于，生于扬州，正逢武则天崇佛，他十四岁就出家做沙弥，师从智满、道岸、恒景等大师，继承了律宗衣钵。在扬州大明寺当住持的几十年间，他先后为四万余人剃度，名满江淮。

当时日本没有完整的施戒制度，僧尼很难管理。两个日本僧人荣睿、普照奉命入唐，遍访授戒高僧，最后决定礼请律宗的高僧赴日传授戒律。

日本国太远，沧海渺漫，百无一至，性命难存。面对日本僧人的恳请，众僧都"默然无应"，只有五十五岁的鉴真慨然应允，他表示"是为法事也,何惜身命"。

从唐玄宗天宝二年至天宝七年(743~748),鉴真与自愿随行者进行了五次东渡,均以失败告终。除两次是遇到风浪或触礁外,其余皆是因为遭到官府阻挠,理由都是"私自东渡"。依唐制,这是大罪。实际上,这些阻挠多是各地僧俗不忍见高僧冒死渡海,设下计策请官府截留。官府扣留了鉴真,不仅没有处罚他,还竞相挽留、招待乃至供养这位高僧。

鉴真的第五次东渡最为艰险。海船从扬州启程,在舟山群岛遭遇飓风,众人在海上嚼生米、接雨水,一路漂流到了海南岛最南端的振州(今三亚)才泊岸。死里逃生的一行人,得到了振州别驾冯崇债的精心款待,在振州休养了一年多,方才北归。

他们取道今广西境内,从内河乘船,想经灵渠进湘江,一路经过白州(今博白)、容州(今容县)、藤州(今藤县)、梧州、象州(今象州)。令他们惊讶的是,高僧从海南岛北上的消息,早已在岭南信众中传开,沿途官民僧道"迎送礼拜,供养承事,其事无量不可言记"。

进入桂林时,他们受到了更高规格的礼遇。鉴真盛情难却,应邀住进桂林最古老的开元寺。这座壮丽的佛寺始建于隋代,"佛阁与云齐""巨丽莫能比",有褚遂良手书的《金刚经》碑,还供奉着七层舍利砖塔。

鉴真在开元寺初次开坛讲经,成了桂林城一大盛事。到处香气缭绕,梵音响彻,全城的僧徒擎幡、烧香、喝梵,云集寺中。城乡万人空巷,百姓和官人填满街衢,都赶来礼拜赞叹,从早到

晚都不停歇。

　　虔诚的冯古璞更是亲力亲为，做饭布施，供养众僧。鉴真为冯古璞等许多信徒授菩萨戒（唐时流行的一种不削发戒）。桂管经略使所辖的各州官人也闻讯赶来，云集开元寺等着授戒。集中在桂林应试的科举学子也争请鉴真授戒，以求佛保佑金榜题名。

　　鉴真原本并未打算在桂林停留太久，但是他被岭南官民崇佛的热情所打动，加上桂林气候宜人、山清水秀，适于休养，于是就在桂林居留一年多，其间，每次开坛弘法，听众都达上千人。

　　今人对《西游记》中"大唐高僧"声名远播的描述，可能不太理解：为何高僧还未到一地，沿途诸色人等，便已听晓取经人的种种事迹？从鉴真北归的经历来看，这样的情节是十分写实的。因为鉴真等高僧，每到一处都会驻锡数日，授戒讲法，还布医施药，云集者众，消息越传越广。

　　当时，佛教东传以及西行求法，多走海路。岭南交、广地区水运发达，中外僧人在此创寺、传教、译经的活动非常活跃。唐时桂林商埠繁华，寺院众多。鉴真入驻桂林的消息传开，引来了不少外国僧人。据佛教史籍记载："唐朝诸人，胡国、昆仑、新罗等人，皆以鉴真为受戒和尚。"

　　消息也传到了佛教重地广州城。当时的南海郡大都督、广州太守卢焕十分羡慕桂林盛大的佛事，便下了公文关牒给沿途诸州，迎请鉴真到广东传法。鉴真虽眷恋广西，但考虑到东渡的宏愿未竟，广州海运发达，或可寻找到合适的船再渡日本或回扬州，就接受了卢焕的邀请。

桂林官民僧俗在码头依依不舍送别鉴真。冯古璞亲自将鉴真扶上船,他知道此去再难重逢,热泪盈眶地说:"古璞与您,最后总会在弥勒天宫相见。"悲泣着目送鉴真的船往梧州远去。

● 鉴真坐像

桂林成了鉴真东渡之前，除了家乡扬州，停留最久的城市。地方官、高僧、百姓的相互影响，给桂林乃至广西的佛教文化带来了长足的发展。至抗日战争时期，开元寺还秉承济世善愿，收容失散难童。但不久后，这座古刹毁于侵华日军炮火。曾经见证过鉴真讲经的隋唐千年虬松也命运难保。如今，开元寺遗址仅余一座舍利塔静静伫立。

（甘宁）

## 全真：
## 三教原来是一家　全州得名因为他

全真和尚俗姓周，唐开元十六年（728）生于湖南郴州资兴县程水乡天寿里周源山村。他从小有超然之志。十六岁那年，他到郴州的开元寺当和尚，一心想学"最上乘"。经一个云游和尚的指点，于当年冬来到浙江余杭的径山，拜道钦和尚为师，取名全真。天宝七年（748），他随道钦到长安，见到皇帝唐玄宗，道钦被封为国师。但师徒俩见安禄山目中无人，竟敢随意出入后宫，知其必乱，于是，师傅遁隐，全真南归。相别之际，道钦说："你的缘在南方，沿着湘江而上，在那里开创教化吧。"至德元年（756）四月，全真来到湘源县（今全州县）寻幽选胜，在湘山下的笋布台搭建茅屋，开荒种地，种菜自给，未尝秋毫取于人。当地百姓也很乐意他的到来，一同帮忙创建净土院，作为全真和尚的住所。这是湘山寺的前身。

这一年安禄山果然造反，皇帝带着杨贵妃逃出长安。太子李亨即位做了皇帝，称唐玄宗为太上皇。

全真和尚在净土院开演"大乘"教义，来听经的人很多，连

邢州（治今河北邢台市）太守都愿辞官来跟他当和尚。

大和八年（834）冬，众弟子要尊称他为"湘山圣化主人""无量寿佛"。他坚辞不受，并作偈语，其中有一句"劫逢百六今朝是，将挽天河洗法尘"。大家听罢惊问为何逢劫，并请教解救之法。他说："天子下令淘汰僧尼，有违法者都不会宽恕。我将远远躲开，你们也应早早蓄发，回去种田吧。"当天晚上，全真便逃到距县城四十公里的覆釜山去了。

大和九年（835），文宗李昂淘汰僧尼。十年后，武宗皇帝李炎下令毁寺、毁佛像、焚藏经，史称"会昌灭佛"。但全真法师由于隐于覆釜山中，躲过这一大劫，不但毫发无损，还静心坐禅，一边游憩山水，一边吟诗唱歌，留下不少篇章。《永州府志》记载了全真在山上修行的盛况："佛祖修行于绝顶之上，山势最高，云雾常瀹密，气候极寒，仅八九月可以登览。上有扫街竹、罗汉条，泉流岩窦间，涓涓清洌。佛于岭半结庵，今尚存。全（州）、永（州）、宝（庆）、武（冈）、静江等处，每于秋后无问南北、男女长幼，跋涉数程，名曰'朝山'，道途往来不绝。至则止宿演经岩中，尝数百人。日夕西望，紫霞光中隐隐见佛像至，图绘传之四远。夜见圣灯飞空而来，及闻讽经、铙钹钟鼓之声，咸骇异焉。"

大中元年（847），唐宣宗李忱即位，又废除禁佛令，佛教咸鱼翻身。应湘源父老乡亲相请，第二年春，全真和尚又从覆釜山重归湘山净土院。

在湘山寺，他每天召徒众讲《无量寿佛经》，告诉各方信徒：

"说得一尺,不如行得一寸。"对士大夫说:"忠孝是佛。"对农民和工匠说:"勤俭是佛。"对做生意的商贾说:"公平是佛。"当地的社会风俗习惯为之一变。大中五年(851),永州刺史韦宙办了斋食礼品,派人来请全真去毗邻的永州。他说:"我是方外老人,哪能劳驾别人来请?"便独自前往。韦宙见到全真,很是高兴,将他请进法华寺,问他有什么法子可以延年益寿。全真对他道:"你想长寿吗?忠国勤民,奉公守法,造福于民,把美德传给子孙——这就是长寿之法。"由于他德行高尚,当地百姓争相送他金银布匹,全真却一概谢绝不收。

全真在永州住了三个月,回来就叫他的徒弟圆镜、圆鉴编辑他在覆釜山所作的歌偈数十万字,取名《遗教经》,又有《湘山

全真法师画像

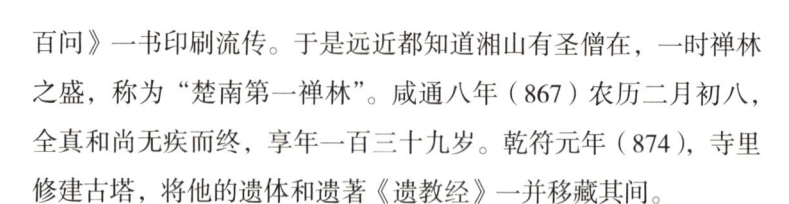

《百问》一书印刷流传。于是远近都知道湘山有圣僧在，一时禅林之盛，称为"楚南第一禅林"。咸通八年（867）农历二月初八，全真和尚无疾而终，享年一百三十九岁。乾符元年（874），寺里修建古塔，将他的遗体和遗著《遗教经》一并移藏其间。

在全真和尚圆寂六十多年后，全州的县名因他而改，管辖的地域也从县提升到州。

全州县原来叫湘源县，为避后唐皇帝李嗣源讳，改为湘川，县城原在今城西七里之外的柘桥村（现还可见墙基，今属全州镇）。后晋高祖石敬瑭天福二年（937），楚王马希范向朝廷奏请，说湘川有名僧全真法师，建议将县城迁往湘山寺东南，并将湘川县提升为州，改名全州。朝廷采纳了他的建议。全州有名自此始。

全真法师的名声到宋代达到顶峰：建中靖国元年（1101）被宋徽宗赵佶封为"慈佑寂照妙应普惠大师"（简称"寂照大师"）；绍兴五年（1135），宋高宗赵构赐古塔名"妙明塔"，改净土院为"景德寺"，将原匾额改为"报恩光孝禅寺"。仅宋代就先后赐封了五次。鼎盛时期，寺内建筑面积达一万八千多平方米。

全州湘山寺不仅在广西和湖南很有影响力，声名还远播到国外。《湘山志》载，元至大四年（1311），高丽（今韩国和朝鲜）国王还派使者到湘山寺，送来宝物六件。清乾隆四十八年（1783），安南国（今越南）朝贺使黄仲政也到湘山寺朝佛，并题词刻石，今存。

（蒋钦挥）

## 李商隐：
## 行吟桂林山水间　欲回天地入扁舟

　　人们喜欢"天意怜幽草，人间重晚晴"这千古名句，因为它让人看到了黄昏的美丽，听到了大爱的无言。很多人知道这两句诗出自李商隐《晚晴》一诗，但不一定知道，《晚晴》这首著名的诗作，竟是这位晚唐大诗人在岭南小城桂林的寓所里吟出的。

　　李商隐，字义山，唐代怀州河内（今河南沁阳）人，号玉溪生，又号樊南生，元和八年（813）在新郑县出生。他从小颖悟，十六岁即以《才论》《圣论》两篇古文"出诸公间"，并得东都（洛阳）留守令狐楚赏识。令狐楚是当时骈文章奏高手，李商隐得他悉心指点，很快青出于蓝，这一技之长成为他后来谋生过程中很重要的一种技能。

　　李商隐生活的晚唐，藩镇割据、朋党倾轧、战乱频仍，已和"以诗取士"的初、盛唐大相径庭。开成二年（837），二十六岁的李商隐得令狐父子之援而中进士，次年入泾原节度使王茂元幕府，后娶其女为妻，琴瑟和谐。但当时的牛（僧孺）李（德裕）党争激烈。令狐楚属牛党，王茂元则属李党。李商隐此举被视为

投靠王茂元，因此被令狐楚之子令狐绹指责为"放利偷合"，此后他一生在牛、李两党的倾轧中度过，穷愁潦倒，困顿凄凉。

唐宣宗大中元年（847）二月，给事中郑亚出为桂州刺史、桂管防御观察使。郑亚是荥阳人，和李商隐是同乡。郑亚很赏识小老乡的文学才干，两人交情颇厚。此次郑亚外任地方官，请李商隐入幕。李商隐服阕复官已一年多，毫无升迁希望。久滞长安，事业无成，他感到厌倦和失望，又加上生活困厄，朝廷隐伏着危机，自己被夹在牛李党争的缝隙之间，时时有一种莫名的威胁袭来。他渴望冲出这沉闷的生活，到一个新的天地里追求新的理想，于是欣然接受郑亚的辟聘，遂告别妻儿与郑亚南行来到了山水如画的桂州。

初到桂林，夜深人静之时，美丽的桂林风光没能给诗人带来惬意安适，却尖锐地触动了诗人身临异乡的孤独感和漂泊感，他写下诗作《桂林》《桂林路中作》记录这种情绪。

郑亚确实对李商隐十分信任，到达桂州不久，便请李商隐为掌书记，不久擢为观察支使。这是仅次于正、副观察使的高级幕僚，从六品上阶，在李商隐的仕途上算得上最高的官品了。

郑亚的信任，给刚被牛党之争搞得焦头烂额的李商隐一种感情上的安慰。南方多雨的天气，傍晚短暂的晴空带来的美丽和美好，都极大触动他的心灵。他用难得的愉悦心情写下了《晚晴》。他用桂林夹城之中毫不起眼的小草托寓自己的命运，觉得自己就像久遭雨淋之苦的"幽草"，忽遇晚晴，得以沾沐余晖而平添生意。这种伤感又导致他感慨"天意"，更感慨人间毕竟还有知音，所以感慨"人间重晚晴"。他仿佛变得豁达和开朗。尽管仕途坎坷，党争无情，但山水有情，人世间还有真情在。

走遍了南北东西，李商隐才终于在桂林这座百越山城触景生情，忽生"天意怜幽草，人间重晚晴"的奇想。这是诗人逆境之中对人世间情意最深刻的感悟。

不久，桂管观察使辖下的昭州（今平乐县）民怨沸腾，爆发动乱。百姓聚众闹事，反对官府。原因是昭州官场腐败，大小官员长期以来贪赃枉法，任意欺压盘剥百姓，以致民不聊生。更有甚之，动乱刚起，州刺史等官员如鸟兽散，竟弃岗逃得无影无踪。昭州群龙无首，更加混乱。

郑亚观察使立即罢掉郡守等一批官员，让李商隐到昭州代理郡守。郑亚相信李商隐有能力管好昭州，之所以"代理"，是任命的权限在朝廷。郑亚打算先给李商隐一个表现平台，干出点政绩，再向朝廷举荐正式任命。

昭州当时的自然和社会环境都很恶劣。李商隐到平乐后，顺桂江下至龙平县（今昭平县）考察风土民情。龙平县城交通不便，只有驿前街头有一驿站；城郊野草丛生，时有老虎出没；桂江两岸，疟疾流行。面对此情，李商隐不禁感慨万千，他写下《昭州》和《异俗二首》诗篇，描述了昭州的社会现实，字里行间渗透了对民众的同情。

李商隐素有"欲回天地入扁舟"的抱负，对昭州的局面也觉怅然。他当然清楚郑亚对自己的好意和寄托的厚望，更知道重建官府威信、整顿昭州乱象的艰难。但入仕以来他还没有得到过一

个与自己才能相配的职位来一展抱负，现得此机会，自然要使出浑身解数了。李商隐一面反腐惩贪，整肃官场；一面安抚百姓，恢复和发展农业生产。代理郡守的努力很快就见成效了：昭州的社会秩序很快恢复，衙门也变得井然有序起来，百姓回到田园耕作，市井又现昔日繁华……

昭州有了变化，百姓逐渐觉得新来的郡守确实不一样。李商隐再乘舟沿漓江南下考察民情，便得百姓好感。他写下了诗歌《江村题壁》，盛赞漓江沿岸江村之恬静优美和农家的热情好客。

正当李商隐要继续强化对昭州的治理时，牛党又举起了报复的"砍刀"。郑亚被朝廷贬谪了，被调任循州刺史，官职降了好几级。没了郑亚这座靠山，李商隐的昭州郡守也做不下去了。

美丽的春花刚开就要凋落，刚到桂州上任一年，才华还未施展就要下台，速度之快令人愁苦惆怅与无可奈何。李商隐只能将无奈寄予诗歌《即日》之中。

桂幕时期是李商隐诗歌创作和骈文创作的重要时期之一。尽管李商隐一生坎坷，但面对黑暗的社会现实，他始终坚守自己的抱负，坚信自己必将为世所用。他在桂林写下咏志诗《高松》，以"高松"自喻："高松出众木，伴我向天涯。客散初晴候，僧来不语时。有风传雅韵，无雪试幽姿。上药终相待，他年访伏龟。"

李商隐在桂林生活近一年，今存桂幕期间创作的诗歌约四十首、骈文数十篇，给广西本土文化增添了浓浓的色彩。

（潘茨宣）

## 柳宗元：
## 刺史城市互成就　柳侯碑冢传佳话

人们对唐宋八大家中的韩、柳、欧、苏有这样的评价：韩文如海，苏文如潮，欧文如澜，柳文如泉。《柳河东集》中广为人们所熟知的《永州八记》《三戒》等，读来就如同清泉一般澄澈隽永。

柳宗元（773~819），唐朝河东（今山西永济）人，字子厚。德宗贞元九年（793）进士，中博学宏词科。顺宗永贞元年（805）任礼部员外郎。因参加"永贞革新"运动失败，遂与刘禹锡等七位革新派人士遭贬边州，这就是著名的八司马事件。柳宗元先贬邵州（今湖南邵阳）刺史，再贬永州司马。宪宗元和十年（815），发到荒远的柳州任刺史。

柳宗元初到陌生的南方小城柳州，心中的愤懑与悲凉，在他的一首七律中体现得淋漓尽致：

城上高楼接大荒，海天愁思正茫茫。
惊风乱飐芙蓉水，密雨斜侵薜荔墙。
岭树重遮千里目，江流曲似九回肠。

共来百越文身地，犹自音书滞一乡。

可是，当他深入民间接触到勤劳、淳朴的柳州人民，了解当地民众的困苦生活之后，一种强烈的责任感涌上心头，慨然道："是岂不足为政耶？"接下来的一首《柳州峒氓》，就可看出诗人不仅心情有了改变，而且身心融入民间，很有收获：

郡城南下接通津，异服殊音不可亲。
青箬裹盐归峒客，绿荷包饭趁圩人。
鹅毛御腊缝山罽，鸡骨占年拜水神。
愁向公庭问重译，欲投章甫作文身。

柳宗元在柳州任职四年，做过许许多多有益于柳州人民的事，可以归纳为五个方面。

一是兴利除弊。当时的柳州盛行"典贴良人男女作奴婢驱使"现象。良家男女或因贫穷或为负债而永世沦为奴隶，命运极其悲惨。柳宗元上任伊始，就下了一道法令，禁止奴婢买卖，并制定了一套奴婢可以赎身的办法。一年不到，千余奴婢获人身自由，得以同家人团聚。这在当时，进步意义非同小可。柳宗元的做法还被推广到桂北、桂东的一些州县。以前的小学课本有一篇柳宗元写的《童区寄传》，描写的就是一个当地少年，与绑架他、要将他卖身为奴的强盗巧妙周旋，最后杀死强盗得以脱身的故事。这个故事让我们欣赏到柳州少年的机智勇敢的同时，还看到了当时盛行的极为黑暗残忍的蓄奴现象。

二是移风易俗,发展生产。当时柳州有杀牛祭祀,求神保佑的风习。这既助长了迷信横行,又对农业生产力造成极大破坏。柳宗元进行了耐心细致的说服工作,劝导人们破除迷信,保护耕牛。他还带领人民挖井开荒,疏河造船。几年过后,柳州气象一新,"民业有经,公无负担……猪牛鸡鸭,肥大蕃息"。至今,柳州民间还流传着柳宗元在柳州疏河打井的"三川九漏(井)"故事。

三是植树造林,栽花种果。仅大云寺一带,就栽"竹三万竿",蔚为壮观。柳宗元不仅力倡"柳州植柳",还亲自在柳江边种植了大批柳树,并作诗曰:

柳州柳刺史,种柳柳江边。谈笑为故事,推移成昔年……

这种"戏作"在柳诗中恐怕绝无仅有。另外,广西盛产柑橘,应该说与柳宗元当年的大力提倡不无渊源。柳宗元就写过种柑树的诗:"手种黄柑二百株,春来新叶遍城隅。"味道如何?他说,"滋味还堪养老夫"。

四是改造旧城,美化环境。柳宗元曾不遗余力地带领人民整修城墙、街道,成效十分显著:"宅有新屋,步有新船,池园洁修……城郭巷道皆使端正,树以名木。"在他的治理下,柳州的城市面貌大为改观。

五是兴师办学,传播文明。作为名重四方的文坛领袖,来到南方小城,对于柳州这个地方而言,其大力传播中土文化,产生

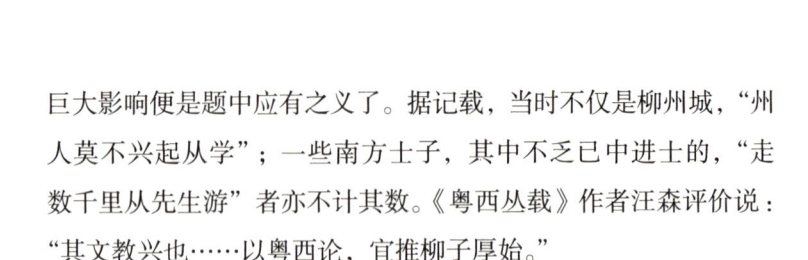

巨大影响便是题中应有之义了。据记载，当时不仅是柳州城，"州人莫不兴起从学"；一些南方士子，其中不乏已中进士的，"走数千里从先生游"者亦不计其数。《粤西丛载》作者汪森评价说："其文教兴也……以粤西论，宜推柳子厚始。"

柳宗元在柳州四年，写下的描绘柳州自然风光、抒发忧国忧民情怀的诗歌、散文，计有百篇之多。诗人是把自己的生命都化入柳州的山山水水之中了。元和十四年（819），柳宗元客死柳州，享年四十七岁。

柳州人民对这位献身南方的大文豪由衷热爱，把他尊称为"柳柳州"——柳宗元的名字便与柳州永远地结合在一起。柳宗元辞世翌年，柳州人为他修建了衣冠墓；再过三年，又兴建罗池庙，就是今天柳侯公园里的柳侯祠。

柳侯祠内有一绝世宝物"荔子碑"，颂柳宗元事，为韩愈撰文，苏东坡书丹，世称"三绝碑"。此碑为宋嘉定十年（1217）所刻。韩文为楚辞体，因其首句"荔子丹兮蕉黄"，故称"荔子碑"。中有"鹅之山兮柳之水，桂树团团兮白石齿齿。侯朝出游兮暮来归，春与猿吟兮秋鹤与飞"句，表达眷恋，尤为动人。苏轼书法刚健雄强，开张有势。韩、柳、苏同列唐宋八大家，如此合作，世上恐怕绝无仅有。

（彭匈）

● 柳宗元塑像

## 元晦：
### 忠直敢谏贬岭南　叠彩诗文传千年

元晦出生于唐代晚期，是著名诗人元稹的侄子。因性格忠诚直率，提的意见过于尖锐，触怒皇帝，被贬到广西桂林，做了三年的地方官。他在桂林叠彩山等地修路、建亭子，搞了大量的基础设施建设，也留下了诗文篇章，为桂林山水增添了一笔宝贵的文化财富。

广西地处岭南，岭南是唐帝国流放官员的目的地。根据新旧唐书所载，唐代有名有姓且有具体流放地者共二百一十一人，流放岭南道的就有一百三十八人。对于唐人来说，岭南是不祥之地，充满了悲剧的色彩。但在有唐一代，桂林逐渐因为风景秀丽而成为诗人笔下的作品。这时，桂林已不再是被畏如地狱般的瘴疠之地。

在众多流放、宦游桂林的晚唐文人中，元晦是其中比较著名的一位。元晦是怀州河内（今河南沁阳）人，诗人、文学家，生卒年不详，约活动于唐敬宗至唐武宗年间。

元晦是个科举高才生，曾任谏议大夫，就是专门向皇帝提意见的。唐武宗挺欣赏他,曾令宰相李德裕作《授元晦谏议大夫制》,文中称赞他说:每当上朝时,元晦总是不顾个人安危,俯伏在草席上,擦拭着眼泪,以忠直、诚恳的态度极力劝谏皇上,是个敢谏之士。

皇帝也有忍耐到极限的时候。常在河边走,元晦终有湿鞋时。因为得罪皇帝,元晦被贬出京,改任桂管观察使。

桂管观察使常驻桂州(今桂林),辖桂州、梧州、浔州(治今桂平)、龚州(治今平南)等十五州,不但是行政长官,也是军事长官。

元晦到桂林后,"见叠彩山有于越、四望,左右回翼",两座山就像两个翅膀一样,非常高兴,桂林比想象中的好多了。

元晦在桂林叠彩山的崖壁上,留下了两篇跨越千年的短文,一篇是《叠彩山记》,另一篇是仅四十三个字的《四望山记》。叠彩山得名的原因,元晦在文中说"山以石文横布,彩翠相间,若叠彩然"。他亲笔书写,勒石于叠彩岩口崖壁上;其篆体"叠彩山"三字,亦刻于叠彩岩口崖壁上,三字共高一米多。四望山在叠彩山西侧,它和于越山及白鹤、明月两座山峰,都属于叠彩山的范围。《四望山记》叙述了该山销忧亭的地理位置、面貌。此文亦刻于四望山东麓的崖壁上,为隶书体。

叠彩山在当时的桂林城北,离城很近,因此很早就成为桂林的旅游胜地。元晦在政务之余,以极大的热情,发挥业余园林专家的长项,在山上他修建了八角亭、写真院、流杯池和花药院。他在叠彩山风洞北所筑的齐云亭,很受游人欢迎。会昌四

年（844），元晦从叠彩山山麓之南凿铺了一条直通山顶的石级路，修建的亭、台、阁、榭掩映于山林之中，若隐若现，宛如仙境，堪称桂林一大绝景。后人称他的这些作为为"筑凿之盛"。

此后，失意官员常来这里翘首北望，寄托思乡幽情。一时间，"公私宴聚，较胜争先"，"管弦车马，阗溢路隅"，叠彩山成了桂林官民同乐的热闹之地。现在，每天早上都有市民爬到叠彩山山顶锻炼身体。

元晦对宝积山的开发也兴趣浓厚。宝积山在桂林城北两千米远的地方，迤逦起伏，似蟠龙状，故又名卧龙山或龙盘岗，与四望山东西对峙。它东西两峰相连，山虽不高，但形势险恶，有"藏龙卧虎"之说。山间有一个深邃的岩洞，叫华景洞。在华景洞口，元晦修建了岩光亭，使之与叠彩山的亭台遥相呼应。

经过开发，宝积山在唐代后期也成为游客"申折柳之余恋"的风景胜地。据记载，元晦和李渤游宝积山和华景洞后，均有诗刻于华景洞崖壁，但今天已无法找到。《桂林风土记》留存了元晦为宝积山题诗中的四句：

　　　　石静如开镜，山高若耸莲。
　　　　笋竿抽玉管，花蔓缀金钿。

诗句对宝积山的峻高、洞内石钟乳的多姿多彩，作了形象的描绘，可见经过修理后的宝积山是很美的。

此外，元晦又曾因认为桂林漓山（今象鼻山）不应该与长安骊山并称，将该山改名为"仪山"。唐人莫休符在《桂林风土记》中也记载了元晦为漓山改名的事情："……元常侍（指元晦）以其名与昭应骊山音同，遂改为仪山。"

会昌五年（845），元晦转任越州（治今浙江绍兴）刺史。元晦离桂前，恋恋不舍地留下了诗歌《除浙东留题》：

紫泥远自金銮降，朱旆翻驰镜水头。
陶令风光偏畏夜，子牟衰鬓暗惊秋。
西邻月色何时见，南国春光岂再游。
莫遣艳歌催客醉，不堪回首翠蛾愁。

一句"西邻月色何时见，南国春光岂再游"，道出了诗人元晦对桂林山水风光的依依不舍。他存世诗篇不多，在《全唐诗》中仅存两首，但都是在任职桂林时所作，可见他对桂林山水之钟爱而启发出诗的灵感。

他以优雅的诗句，表达了对亲手开发、建设的叠彩山和桂林山水的依恋之情。可惜，他再也没有机会回来桂林了。

（杨子健）

## 段公路：
## 岭南奇闻《北户录》　奇说异书长安人

唐代诗人柳宗元在被贬任柳州刺史的途中，作了一首《岭南江行》，诗中描述了路上的景象："瘴江南去入云烟，望尽黄茆是海边。"野草丛生、荒凉落后，这就是当时岭南地区的真实写照。不过，在唐咸通年间（860~873），有一位长安人对这样一个边远蛮荒之地不但不嫌弃，还倍感兴趣，不辞千里，从中原来到岭南，历经数年"采其民风土俗、饮食衣制、歌谣哀乐有异于中原者"，写成《北户录》一书。他，就是唐代文学家段公路。

段公路之所以对偏僻的岭南地区感兴趣，是与其父亲分不开的。他的父亲段成式在诗坛上与李商隐、温庭筠等人齐名，被时人并称"三十六体"。但段成式最著名的作品不是诗，而是一本叫《酉阳杂俎》的小说集，里面记载了大量的志怪传奇、异域异物和民间风情，李白让高力士脱靴、王勃蒙在被子里打腹稿等典故皆出于此，该书被后世誉为"小说之翘楚"。

有这样一个天马行空、涉猎广泛的父亲，段公路小时候就"爱以指画地如文字"，知识面比同龄人要宽广不少。后来，随着父亲官职的变动，段公路跟着父亲转徙各地，又了解了很多书上没有的风土人情。咸通年间，段公路开始了自己的岭南之旅，并将自己的南方见闻，集纳写成了《北户录》一书。

《北户录》在清朝乾隆年间被收录进《四库全书》。纪晓岚评价该书"载岭南风土，颇为赅备"，像北方罕见的犀牛、孔雀、无核荔枝、米饼等具有浓郁岭南特色的物产，在书中都有记载；此外，段公路还在书中大量引用了前人的相关述作，来对同一事物做注解，全书涉及的书目有数百种之多。按纪晓岚等人所言，其中部分所引，"今皆散佚，藉此略见一二"。时至今日，《北户录》仍是今人研究古代岭南地区的动植物、地理及考证当地风土物种渊源的一本重要参考文献。

细翻《北户录》，你会发现，这是一本堪称中国古代版的《神奇动物在哪里》，里面记录大量的珍禽异兽，如在《蛇红》一章中，就记录了段公路自己在雷州（广东湛江一带）乘船途中靠岸避风浪时偶遇的罕见蛇阵：两条长丈余的大蛇，其中一条颜色金翠夺目，另外一条浑身通红，鲜明若血，两条大蛇后面还跟着十余条白蛇，依次相随，钻进一个树洞里就消失了。

《绯猿》一章，讲述的则是一只让人称奇的猿猴：咸通十年（869），作者在前往高凉（治今广东高州）时，在一座山上看见有很多猿猴，一只只毛色鲜艳，这些猿猴相互间会用啼声呼应，"啼数声，则众猿叫啸腾掷，如相去呼焉"。好奇之余，段公路找人上山捕了一只回来，并带在身边驯养。书中称，此猿脾气温顺，不贪吃，而且很通人性，平时爱在树梢间玩耍，一听到主人呼唤

马上就会过来，因此深得主人喜欢。时隔年余，有一次段公路带着它从潘州（今广东高州）返回，半途到山上一座道观游览，在那里竟听到熟悉的"旧山猿啼"声，此后，这只猿猴便像患上思乡病一样，终日不吃不喝，直至死去。这让作者大为感慨，称想不到"其为兽之性一何仁耶！"

在游历岭南过程中，段公路多次到过今天的广西一带，因此在《北户录》中留下了不少对广西物产和风俗的文字记载。比如说今天我们常见的羽绒被，在唐代，南宁的有钱人家中就流行使用了。在《鹅毛被》一章中，段公路描述了邕州（今南宁）酋豪制作鹅毛被的过程：选用鹅脖子和腹部部位的绒毛，将鹅毛用蒸气处理过以后，塞入被套里缝好，就做成了一床鹅毛被。据他亲身体验，"其温软不下棉絮也"。另外，还记载了当时邕州人用鸡蛋占卜的古老风俗，俗称"鸡卵卜"，由当地的占卜师取一个鸡蛋，用笔墨画上卜符，"祝而煮之"，煮熟后再把鸡蛋从中间切成两片，根据蛋黄的颜色就可以决嫌疑、定祸福。

段公路还到过桂林一带。比如在《乳穴鱼》一章中，他就描述了在兴安盘龙山上的钟乳洞里面生活的一种奇特的鱼，叫金沙龙盘鱼（娃娃鱼），这种鱼有四足，尾巴修长，当地人对此鱼敬若神明，不敢冒犯，因为传说杀了它会招致风雨。《斑节竹笋》一章中则对湘源（今全州）出产的斑皮竹笋推崇有加，称每年农历十二月，是吃此笋的最佳时节，作者认为滋味比北方出的小笋要甜脆得多，"诸笋无以及之"。

岭南的各种特色美食给段公路留下了深刻印象。在《北户录》

里专门有一章《食目》，里面记载了大量的岭南特色菜，像"象鼻炙""煲牛头"等，就是其中的几道特色菜肴。"象鼻炙"是循州（治今广东惠州）、雷州一带非常受欢迎的一道菜，当地盛产黑象，宰杀后，把肉质肥脆的象鼻切下，用火炙烤后食用，这道"象鼻炙"据说味道有点像烤乳猪。相比"象鼻炙"，"煲牛头"的做法就较为复杂，选取嫩牛头一只，用火把表面的毛烧掉，再用热水烫，把毛从根部除去，再三洗干净后，加白酒、豆豉、葱姜一起煮熟，把牛头肉切成手掌大小的片状，加上紫苏、辣椒、陈皮等配料，一起放入瓶瓮内，用泥土裹起来放到火里重新焖烧一遍方可食用。作者称，他曾在衡阳一带吃过熊掌，但比起岭南这个牛头煲来，滋味"尚不能及"。从古岭南人吃象鼻、牛头来看，两广人会吃、敢吃的传统，可以说是早有渊源。

《北户录》写成后，作者请当时也曾到过岭南的右拾遗内供奉陆希声为之作序，陆希声在序里是这样评价《北户录》的："博而且信，君子难之……（此书）非止于所闻见而已，又能连类引证，与奇书异说相参验，真所谓博而且信者矣。"

（陈韶烽）

## 刘恂：
## 流寓岭南体民情　写就岭南博物志

唐代刘恂的《岭表录异》是一本奇书，虽然被归入"不得志文人"的野史笔记类型，但总有慧眼识珠者不断把它从浩如烟海的古文献中辑出，作为珍藏，先是清代《四库全书》馆臣搜求书海，将零散条目辑录成册；后有鲁迅先生从《说郛》《太平广记》中把它亲手抄出，一丝不苟地校释考证。这本书也成为历代文人述说岭南风物时被征引得最多的古籍之一。

《新唐书·艺文志》说，《岭表录异》有三卷，刘恂所著。但刘恂的生平却未见史载。后世考证认为，刘恂是江西鄱阳进士，在唐昭宗朝（888~904）出任广州司马，退休时碰到"上京忧攘"，无法返乡，只能继续流寓岭南，写就此书。

唐昭宗在黄巢起义之后当了十六年皇帝，当时权臣朱温把持朝政。弑杀昭宗后，朱温制造"白马之祸"，残杀清流士大夫，造成社会动荡。进士出身的刘恂，担忧受到迫害，没敢回乡。

当时天下已乱，岭南被静海节度使刘隐把控。刘隐好贤士，收留了许多避祸的中原士人、流官后裔、地方官吏遭乱不得归乡者，使岭南有一个相对安宁的环境。

　　刘恂就是在这样的背景下选择了岭南养老。因此，他的心态较为开明乐观，没有把岭南作为客居之地，用猎奇的眼光去"志怪"。加上已经退休，没有官身烦扰，他有时间去回归生活，感受百姓之乐。他广采博闻岭南史志与舆地文献，曾到梧州、容州（今容县）、廉州（今合浦）、邕州（今南宁）、富州（今平乐）、宾州（今宾阳）、澄州（今上林）等地，实地考察百姓生产生活、物产资源、地理环境、气候变化等，著成圭臬之作《岭表录异》。在这本书中，他的文字处处流露出人间真性情，有对岭南民俗的理解和欣赏，有对各种传言实事求是的思考。这些贴近自然与人心的记述，在众多道学气浓厚的文章中独树一帜，被后世所珍视，也成为白话文散文的语言宝库。

　　刘恂有意描述岭南特有的物产民俗，故而描摹入微，有如图经，方便流传。如"铜鼓"一条，前代文献对其语焉不详。《岭表录异》则描述为："形如腰鼓，而一头有面。鼓面圆二尺许，面与身连，全用铜铸。其身遍有虫鱼花草之状，通体均厚，厚二分以外，炉铸之妙，实为奇巧。击之响亮，不下鸣鼍。"

　　又有"枹木"条，与《岭表录异》同期的《北户录》只说这种出产水中的树根"软不胜刀锯"，可做木屐。这就给人一个疑问：这么软怎么做木鞋？刘恂则详细解说树根没干时"刻削易如割瓜"，干后却变得柔韧，"轻如通草"，当然合适做鞋。这个记述也为现在依然穿这种木鞋的岭南人所信服。

　　《岭表录异》的记述真实可考。岭南有一种带刺的竹子，刘

恂说南人称为"簕"，火烧只能毁其细枝，邕州（今南宁）曾用来做城墙，"蛮蜒来侵，竟不能入"。这个条目让许多岭南人会心一笑，在岭南方言中，这种竹刺至今还是发"勒"的音。

刘恂还敢于在书中匡正前贤，驳了东晋大学者郭璞的"犀有三角"论，详细描述了犀牛两只角的正确部位。

同时，他的记述角度也比较客观，为"百越文身地"扫除一些传言偏见。比如岭南的瘴疠，被盛传是"蛊毒"。刘恂科学地辨析为"岭表山川多岚雾，人感之多病。盖湿热之地，毒虫生之，非第岭表之家性惨害也"，为岭表居民澄清"蓄蛊害人"的恶名。

还有岭南出产的两头蛇，被北人认为是邪祟。但刘恂没有人云亦云，他记述两头蛇实际上是"一头有口眼，一头似蛇而无口眼"，纠正了"两头俱能进退"的民间传言。他最后还嘲讽"见之不祥"的迷信说法其实是少见多怪，"南人见之为常，其祸安在哉"。

《岭表录异》所记多为刘恂的亲身见闻，对于没把握或道听途说的事，他都加上"某某云"等字样以示区别。比如"鹤子草"条，刘恂只说鹤子草晒干后能做"面靥"等化妆品，其上生的虫能蜕化成蝴蝶。至于"媚草""媚蝶"的传说只是"南人云"。

刘恂不以中原流俗眼光去看岭南"蛮夷之风"，反而对岭南居民的生产技艺和生活情趣表示欣赏。他写岭南人在稻田里养禾花鱼，鱼米双收，为"养民之上术"；养蚂蚁以清除柑子树上的害虫；吹奏芦笙"音韵清响，雅合律吕"；用鸡毛做笔"与兔毫不异"；桂林人养猫头鹰捕鼠，尤胜养猫；等等。刘恂还引用当地俚语做一些幽默的点评。比如南人称龙眼为"荔枝奴",因为龙眼在荔枝过后才熟。又说鲳鱼骨软,可以吃得一点不剩,狗在桌下等不到骨头,所以叫"狗瞌睡鱼"。

《岭表录异》的一些条目,蕴含了作者通情达理的处世态度。如记述龙母庙的由来,并不渲染鬼神灵异,而是写温姓老妇捡到五枚蛋孵出小蛇,并把它们放生。这跟同类故事那种渲染精怪、劝人躲避的主题截然不同。他还记录富州、宾州(今昭平县、宾阳县)等地人以淘金为业,"自旦及暮,有不获一星者",字里行间隐含着人世艰辛;而"南中无缁流"("缁流"即僧徒。僧尼多穿黑衣,故称)条,则写崖州(治今海南三亚市)没有僧人,每次上司来视察,总要找人假扮捧场。有一次,一个假和尚不服排位低了,对太守争辩说:"去年我扮的是文宣王,今年怎么能差遣我做和尚!"这个略带辛辣的笑话,也许能代表刘恂处于"官"与"民"之间的视角。

《岭表录异》不少条目比起后世的百科全书也不逊色,《四库全书》赞其"历来考据之家,皆资引证,盖不特图经之圭臬,抑亦《苍雅》之支流。有裨小学,非浅鲜也"。

(甘宁)

## 莫休符：
## 桂林美谈传千古　风物人情暖世人

如今存世的唐代之前的古籍，提到桂林的不少。但真正为桂林专门做一本地方史志的，首开先河者是唐代的莫休符。他所著的《桂林风土记》详细介绍了桂林的山水名胜、掌故和名人轶事，今人可以从中一窥千年前唐代桂林城的风貌。

莫休符是广东封开县人，历任银青光禄大夫、检校左散骑常侍、融州刺史、御史大夫。他的生平年表没有明确记载，只知道其家是粤西望族，曾出过状元莫宣卿。

史载莫休符"受知郑愚"，意即受到郑愚的赏识被提拔任用。晚年他辞官退居桂林城，于唐昭宗光化二年（899）写成了《桂林风土记》。当时唐懿宗为对抗南诏的入寇和岭南东道的军阀混战，于大中二年（860）命令自己倚重的文臣郑愚，以邕州刺史兼御史大夫的身份，充任岭南西道节度使、观察使、处置使等职，等于把广西军政全权交给郑愚，官员也随郑愚任命。莫休符也许从这时就已跟随老乡郑愚来广西为官。

唐僖宗继位后，召回郑愚做宰相，莫休符很可能在此时被郑愚安排做了融州刺史，成为一地方官，辖境相当于今天广西三江、融安、融水、罗城一带。

《桂林风土记》原书三卷，宋时已佚失两卷，书目见于《新唐书·艺文志》。清代四库馆臣从《永乐大典》中辑出一卷四十二个条目传世。作为第一本桂林地方史志，《桂林风土记》被后世的《太平御览》《全唐诗》等作品不断引用，成为研究唐代广西地方史的重要参考书。

莫休符的文风典雅，他在书中记述桂林的名胜古迹、山川城址、官员逸事、民间奇闻，均是娓娓道来，生动细致，如在眼前。比如他写七星岩："清泉绿水，乳液葩浆，怪石嵌空，龙盘虎踞。"又写虞山舜祠的澄潭，说"中有大鱼，遇洪水泛下，至府东门。河际有亭容巨舫，往往载起，然终不为人之害"。放走搁浅的大鱼，说明当时的桂林民众颇有惜生之念。

从书中记录的东观、訾家洲、漓山、尧山庙、东出亭、碧浔亭、独秀峰、灵渠、曹邺的迁莺坊、颜延之宅第等二十多个条目可以看出，今日桂林城核心区在唐时就已形成。一些著名景点在当时已是游览胜地。阅读此书，仿佛跟着这位唐代刺史游赏千年前的桂林。

莫休符饶有兴味地记录了一些桂林民间传说。如延龄寺的大佛，佛身是用洪水漂来的巨木雕成。武则天梦见一丈六尺高的金人乞袈裟，于是做了一件巨大的袈裟悬在宫门上，次日就不见了，寻访全国，发现袈裟已穿在延龄寺大佛身上。

他还记录开元寺的"震井"的得名奇事：一名被贬官员寄居

寺中，腹中寡淡，常给自己开小灶。一天他偷偷把吃剩的羊脾挂在井中，想靠低温保鲜。竟然引来雷电劈井，羊脾焦臭，连狗和蚂蚁都不愿吃。莫休符还对此发了一番"勿以恶小而为之"的感叹。这种融实景描写、典故介绍、个人观感为一体的写法，影响了后世许多同类书籍。

唐时桂林已有"探洞游"，莫休符写他深入七星岩，"烛行五十步有洞穴，坦平如球场，可容千百人，如此者八九所"；另又"秉烛巡游"盘龙冈的岩洞，看见了大如碗的"龙迹"和四只脚的娃娃鱼。他还在象鼻山看到一种青蛇，"号为龙驹，翠色。或缘人头顶、手中，终无患害"。

《桂林风土记》最有价值的部分是记录了桂林历任官员的逸闻趣事和名人诗作，均为唐代佚篇，"为他书之所未载"。比如他写卫国公李靖在桂州招抚当地大首领冯盎、李光庭等，桂州子城也是李靖所筑，号曰始安郡城。

又如"袁恕己"条，写匡复唐室的功臣袁恕己被流贬岭南，酷吏奉武三思之令追杀他，逼迫他喝下野葛汁，然而这种毒药并不能使他速死，他痛苦挣扎，以手扒地取土而食，指甲露出白骨还不能断气，酷吏才击杀他。后来唐睿宗即位就为他洗雪了冤情。

"米兰美绩"条，则记录了桂州刺史李渤的押衙米兰的聪明行事。当时酒宴上大家都喝多了发酒疯，副手吴武陵抱怨刺史"以红帛击予首，仍命妇女于看棚聚观相耻"，两人吵了起来，吴武陵"褰衣弹露以溺"，李渤大怒，要把吴推出去斩首。米兰不动声色地把吴藏起来。酒醒后，李渤十分后悔，米兰禀告"副车犹寝在廨院，无苦"，李渤感激不已，认为米兰行事有分寸，于是奏请米兰做象郡的监军。

此外，《桂林风土记》还记了一些神怪之事。比如他写张天师张道陵有旧宅在贺州，"以宅为庙"，庙中有美异果实，"有人食之无患，唯不可采，取必致祸也"。

从这些细节来看，莫休符在桂林任职时间较长，且交游广阔，博闻善记，有可能担任过录事参军或郑愚的幕僚等，对桂林上至节度使、下至平民的情况都非常了解。

《桂林风土记》即使在现在看来，也是一本风土人情类的佳作。《四库全书提要》认为，《桂林风土记》的价值不止于"谱民风，记土产"，在文学史料上亦可资考证。

（甘宁）

古南門

宋

# 柳开：
## 皇帝赏钱不私贪　开化当地办学堂

一千多年前，一位河北省大名县人，到广西全州做知州，因为招抚西延（今资源）粟氏有功，皇帝宋太宗奖给他一笔钱，他却拿来在县城后的北山上修了几间房子，公务之余，便为当地读书人讲学。因为对全州开化有功，后人为了纪念他，便援其姓氏，将北山改称柳山，一千年以后仍是这样称呼。这个人叫柳开。

柳开（947~1001）因羡慕韩愈、柳宗元的文章，以后来者自居，取名肩愈，字绍先（一作绍元）——继承先人柳宗元。后自以为能"开圣道之涂"，改名开，字仲涂。开宝六年（973）中进士，曾官至殿前侍御史。中国文学史上给他的评价是"宋初古文运动中最早的一个人"。他针对晚唐五代浮靡文风，以继承韩柳古文传统为己任，提出复古主张，尽管他本人创作成就不高，但他的古文理论，在北宋文学史上却占有重要的一页。

端拱元年（988），柳开担任全州知州。那时全州还属于不开化的地区，炎荒僻陋。但柳开却欣然到任，不但自己来了，还把堂兄的遗孤一并携来。

柳开到全州后，就碰上一件麻烦事：西延粟氏经常袭击官府、抢劫百姓粮食和猪牛。西延在宋代以前属扶彝苗地，唐代至德初年，有全真和尚在全州湘山创办净土院，"朝拜者因而家焉"。这大约是迁居西延最早的人家。后来，黄巢之乱，百姓也多避兵于此，于是，西延便形成一个少数民族杂处的地区。这些人生活十分艰苦，"以玉蜀黍杆为墙，茅草为瓦"，"食以玉蜀黍为主"，"夏则彻夜露宿于溪旁，燃艾草或蒲叶作蚊帐"。然而，地方官吏还对他们任意歧视，动辄杀戮，迫使他们多次反抗。西延粟氏便是反抗最激烈者之一。朝廷也多次派遣官员来设兵围剿，未果。

柳开到任后，"树其酋长，使自镇抚"。他出府库银两，制造衣裳、银带及巾、帽数百副，选了三名能说会道的衙吏，到西延对粟氏头领陈说利害。粟氏头领留两个衙吏为人质，亲自来全州城见柳开。柳开赠以衣、帽、银带、缗钱，亲自犒劳抚慰；又私下对地方绅士说："粟氏自此不再为害了，你们可以犒劳他们。"于是，当地人便敲锣打鼓，天天请他们喝酒吃肉。在全州一住数日，粟氏头领见柳开一片至诚，深为感动。临行时，柳开又赠马，让粟氏骑回西延，并约全族一起下山。不到一个月，粟氏数百人携老带幼，全部来到全州。

柳开也说话算数，犒赏如前，为其营造房屋，安其家，那酋长还进了一趟京师，皇帝宋太宗封他们为全州上佐官，给俸禄。一场令官府头痛的动乱，被柳开和谐解决。于是，柳开设招安指挥二人，负责办理户籍田土，收纳粮赋，并将该地域纳入版图。因地处全州之西，故名西延。

因招抚粟氏有功，宋太宗奖励柳开三十万缗钱。柳开却不入私人口袋，而是在州城北二里的泉石修筑读书堂，一有空闲就和士人讲读其间。该书堂成为全州最早的书院。

外地人为官有政绩，当地人不会忘记。淳化初，柳开离开全州到桂州（今桂林）做知州。州人为纪念柳开教化之功，改北山为柳山，称书院为柳山书院，又在山上建祠，称柳侯祠。

徐霞客于崇祯十年（1637）闰四月初曾游柳山，其日记中记载柳山有阁，"柳仲涂书院"为明代文学家曹学佺题，有南宋著名学者魏了翁题碑，并记载"此山为郡守柳开讲道处"。遗憾的是，今天的柳山书院除明代全州知州顾璘题的"应泉"二字外，只有石礅数只，听任虫鸣唧唧，风雨潇潇。

柳开后来交了霉运。原来在全州时，有两小官教人诬陷柳开，被柳开剥光衣服打了一顿不算，还在脸上刺了字送去京师。上司认为杖背、黥面的处分不当，二人罪不及此，结果，柳开连降两级。宋真宗咸平四年（1001），柳开被调往沧州，病死途中，年五十四岁。他著有《河东集》，全书十五卷。

（蒋钦挥）

## 李师中：
## 四年尽瘁今归去　不负斯民只负身

李师中（1013~1078），字诚之，楚丘（今山东省曹县）人，聪颖善辩，十五岁时曾上书评论时政，并为乃父辩诬，由此名噪一时。中进士后，历任屯田员外郎、度支员外郎、尚书员外郎，仕途尚属顺利。

宋仁宗赵祯统治后期的嘉祐三年（1058），四十五岁的李师中奉命南下，出任广南西路提点刑狱公事，开始了为期四年的旅桂生涯。其间一度代理转运使（掌一路财赋）、经略使（掌一路兵民之事，为地方军政长官）。

悯农亲民，是李师中在广西留下的政声。先是，邕州（治今南宁市）设有马市，驻有骑兵。但这些战马不适应南方气候，到了炎热的夏天便陆续倒毙。李师中经过调查发现，邕州辖境的地形特点并不利于骑兵作战，在这里养马是多余的。于是他上奏朝廷，取消了这支骑兵部队。这一取消便减轻了军民的负担了。

宋初，广西驻有不少北方籍军人，他们水土不服，却耗费甚巨。为了解决这一问题，李师中决定利用土丁代替北兵戍边，按

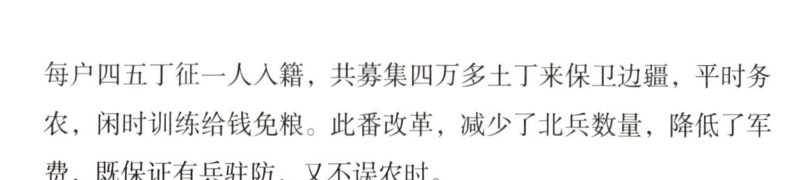

每户四五丁征一人入籍，共募集四万多土丁来保卫边疆，平时务农，闲时训练给钱免粮。此番改革，减少了北兵数量，降低了军费，既保证有兵驻防，又不误农时。

修浚灵渠，更是李师中关心农民的具体体现。灵渠位于兴安县，开凿于秦朝，集灌溉、水运于一身。随着时间的推移，灵渠日益壅塞，历代不断疏浚。李师中抵桂时，淤泥、砂石已将灵渠堵塞，水流不畅。李师中请张竞等率一千四百多名民工，耗时月余，对灵渠进行了一次疏理。对阻塞渠道的巨石，用"燎石以攻"的办法处理。

开荒垦殖，是李师中在广西的又一涉农事务。11世纪中叶，广西地广人稀，人口密度很小。在当时条件下，要让农民富裕起来，扩大种植面积是良策之一。李师中决定鼓励农民开荒，凡新开荒地者，永不收税；开荒达三十顷以上的，还可以免除课役。一时间，农民辟地开荒的热情被极大地调动起来。遗憾的是，宋朝政府没有理解李师中的初衷，对其免税做法加以处罚，乃实冤枉。

纾民困是历代有作为的官员都试图践行的事，只是做法不同。李师中意识到，地里的庄稼丰收并不代表农民殷实了，要让农民过好日子，还应发展商业，促进物资流通，让商人和老百姓都得到实惠。他根据民族地区的特点，制定了"通盐商以便民"的政策，让商人卖盐给农民，解决山区农民买盐难的问题。长期以来，食盐被视为特殊物资，实行国家专卖制度；食盐又是生活必需品，一日三餐不可或缺。采取灵活的办法，在保证国家专卖的同时，调剂盈缺，使农民能买到盐，是最起码的生存需要。

刻于桂林龙隐岩的《劝农事》碑

李师中发展商业的另一做法，是恢复邕州和市。和市原为一种官营商业制度，是官府出钱收购农副产品，阻止物价下跌的举措，有"两和商量，然后交易"之谓。邕州下辖数十个羁縻州，不少羁縻州与交趾为邻，地方官多以边境安全为由，关闭民间贸易。李师中从发展经济和实边安民的角度思考，重开和市，顺应了历史发展的潮流，是今天中越边贸的渊源。

李师中文笔老辣，他所写的《劝农事》一文，提醒政府官员劝民致力劳作，与民和睦相处，维护社会昌平。文告言简意赅，后来被刻在桂林的龙隐岩中。

在桂四载，李师中写下了不少诗词文赋，尤以诗歌为最，且多嵌刻于桂林各岩洞、崖壁。其中离开桂林之际"留诗四章，以志岁月"（刻于龙隐岩）、归途行至兴安所写《过严关有感》等诗篇，读来感人肺腑，反映了作者忠君爱民、谦逊恭谨的心声。

李师中传世的词作不多，今人能见到的，仅有《菩萨蛮》一首：

子规啼破城楼月，画船晓载笙歌发。两岸荔枝红，万家烟雨中。
佳人相对泣，泪下罗衣湿。从此信音稀，岭南无雁飞。

这是作者离开广西时依依不舍心情的表露，为唐宋词中为数不多的描写岭南风情的佳品。词中所描绘南国清晨美不胜收的意境，以及作者惜别时无限眷恋的情思，把读者带到那离愁别绪的情形中。今天读来，令人赞叹。

（黄振南）

## 苏缄：
## 舍生取义守邕城　殉职入祭六公祠

2016年，是北宋的民族英雄、邕州知州苏缄诞生一千周年。

苏缄是福建晋江人，进士出身，做过多年的基层官员，立过战功，受过皇帝嘉奖，也受过朝廷处分。熙宁四年（1071），他被委任邕州的知州，直到在这个任上殉职。

苏缄是为了保卫国家疆土、保卫南宁，抗击交趾国（今越南）的入侵而死。并且不只是他一个人，而是全家大大小小三十六口人，全部悲壮地自焚而死。

苏缄刚刚走马上任邕州知州，就发现邻国交趾有入侵中国的野心，主要目标就是广西。边疆国事让他忧心如焚，两次写信向桂州（今桂林）知州告急，反而被责备多事。直到战火点燃，桂州知州不知所措，畏敌不前。反观苏缄，居安思危，时时留心国事，对邻国的野心早有洞察，可惜他一番爱国之心就这么付诸东流了。

苏缄的担心并不是多余的。熙宁八年（1075），交趾国令大将李常杰率军八万（一说十二万），一路攻下钦州和廉州，又攻

破邕州所辖的太平、永平、迁陆、古万等四寨，聚集兵力，攻打邕州。

当时广西的情况不容乐观：一是人口稀少，据考证，当时广西的总人口为一百六十万（另一种说法更少，为八十万至一百二十万）。二是正规军兵力匮乏，广西当时只有兵卒一万人左右，而跟随苏缄守邕州城的只有士兵区区两千八百人。三是广西地方豪绅的私人武装虽然有三万众，但基本上不听官府指挥。四是当时的宋朝，北有强辽，西有悍夏，两大敌手经常让宋朝吃败仗。宋朝统治者忙于应付西、北方面，对南方的交趾无暇顾及，这使交趾人的侵略企图得以实施。

但苏缄没有退缩。大敌当前，兵卒又少，他勇于担当，召集下属官员和邕州城里的百姓，布置应战方略，命令守军分别扼守各个要隘。

因为承平日久，邕州城里的百姓听说要打仗，难免惊慌，有的想要出城避战。苏缄把官府和私人的积蓄全部拿出来，对官员和百姓说："我们有兵器，也不缺粮草，如今敌人已到了城外，我们应该守住邕州城，等待外援。要是有一个人逃走，全城就会人心动摇。你们谁敢出城，一律处死。"一个叫翟绩的将领悄悄出了城，苏缄把他捉回来斩首示众。于是全城军民齐心协力，一同守城。

大敌当前，他临危不惧，勇敢地担当抗击交趾入侵的重任。

为了保卫邕州，苏缄募集敢死队数百人，在邕江上驾舟伏击交趾军队，杀死两名交趾将领，然后退进城里，据城而守。邕州城外，几万交趾军队日夜不停地攻城。城内，苏缄也日夜不停地慰问和鼓励守城士卒。

苏缄一边抗敌，一边修书向桂州求援。桂州知州刘彝这才着了慌，连忙派将领张守节率军南下救援。但是，文官贪钱、武官怕死，张守节却在半途停下，不敢前进。苏缄又急急修书一封，请广南西路提点刑狱宋球督促张守节赶紧率军救援。但张守节率队走了一段，又不敢再进，打算调头守卫昆仑关，却在途中突遇交趾军队，一战即败。张守节阵亡，残余兵卒投降。

交趾军久攻不下，原本打算撤兵，一听邕州的外援全军覆没，于是继续围城。又有奸细教交趾军队用土攻的方法，即用袋子装土堆在城墙外面，士兵攀缘而上，攻入城中。

于是，熙宁九年正月十二日（1076年3月1日），城中军民在孤守了四十二天后，水竭粮尽，邕州沦陷。

苏缄画像

一个人的品性，在关键时刻最见真章。平日夸夸其谈，感慨激昂，又有何难？而苏缄，在生与死的关头，重气节而轻生死，何其容易？

苏缄的大儿子苏子元在桂州任司户，在这场战役之初，正好因出公差，顺路带着妻儿来邕州探亲，准备返程时正遇上交趾军攻城。苏子元有公事在身，必须赶回桂州复命，同时带信给刘彝讨救兵。为了不让百姓和兵卒误认为知州家人出城避战，苏缄让儿子一个人回桂州，儿媳和孙子仍留在邕州。

城破后，苏缄立誓说："我绝不能死于贼手！"于是全家三代共三十六人引火自焚，以身殉国。

苏缄死后，交趾军队找不到他的尸体，竟然大肆屠城，先后杀害了邕州军民五万八千余人。这是交趾军在历史上给中国造成最大伤亡的一次。邕州原本是宋代南方最繁华的城市之一，经此一役，一时成为死城。而交趾军也受到重创，苏缄率领邕州军民共歼敌一万五千余人。

舍生取义，杀身成仁。古代士大夫这种"威武不能屈"的精神，在民族英雄苏缄身上得到了充分的表现。应该说，为了国家的利益视死如归，这种精神至今不死。在苏缄殉职后，他的后任把苏缄的灵位移入南宁的"六公祠"，让当地老百姓世世代代纪念他。

（龚文颖）

## 苏东坡：
## 廉州有幸留鳞爪　万里瞻天怀故人

北宋元符三年（1100）春天来的时候，流放到海南的苏东坡有一天忽然跟小儿子苏过说："我一定不会被遗忘在这个鬼地方的，最近老有一种快回去的感觉。"没过几天，果然皇上的诏书来到，命他到廉州（治今广西合浦）等待分配工作。

苏东坡六月十七日从儋州起程，马车辘辘，披星戴月，六月二十日赶到澄迈码头，连夜渡过琼州海峡。他在诗里表达了自己的心情：

> 参横斗转欲三更，苦雨终风也解晴。
> 云散月明谁点缀，天容海色本澄清。
> 空余鲁叟乘桴意，粗识轩辕奏乐声。
> 九死南荒吾不恨，兹游奇绝胜平生。

苏东坡与儿子苏过，还有仆人，日夜兼程。从徐闻到廉州，一路走得并不安生，中途在遂溪为风所阻，不得已留宿兴廉村的

佛舍。苏东坡记述了栖止时的经历和感受：

芒鞋不踏名利场，一叶轻舟寄渺茫。
林下对床听夜雨，静无灯光照凄凉。

毕竟已回到了大陆，苏东坡如他日记中形容的那只浮在水洼的草梗上脱离险境的蚂蚁，他努力放松心情，在兴廉村几日后重新起程，乘坐小船到了现在两广交界的白石，却遇上大雨。六月最后一天的夜里，三人困在船上，四周天水相接，星河满天，水面白光闪烁，渺无去路。苏东坡自我安慰，自己要写的书还没弄完，老天爷理不应就这样收走自己的"米簿"。

在从遂溪到廉州的途中，苏东坡曾写信给秦观，表达了自己的愿望：如果能在廉州安顿下来，就弄个小房子在那儿终老吧，人生不过过客一枚，没必要挑三拣四。他早已看破红尘，唯"命"是从。

苏东坡在廉州的日子过得逍遥自在，这里虽地处边鄙，却有无数的"粉丝"，一位叫邓拟的乡绅把自己的庄园"清乐轩"让给他作为住所。苏东坡便每日灌园种菜，采风会友，与官绅士子吟诗唱和，谈禅论佛，沉浸在主人的盛情中。

东坡在合浦见到了故交欧阳晦夫。这位梅尧臣的门生在廉州辖下的石康当县令，得悉苏东坡在廉州，专程携妻儿来访。"见君合浦如梦幻，挽须握手俱汍澜"，苏东坡在"戏作"中记述了阔别七年、老友重逢的情形，深情地回忆了当年奖掖他们的文坛领袖梅尧臣、欧阳修。

苏东坡自号"老饕",是个著名的"吃货",七八月正是龙眼成熟季节,合浦的张太守特地送来了当地产的龙眼。苏东坡品尝之后,大加赞赏,他在诗中历数龙眼的身世、模样、味道,把龙眼比作繁星和当地出产的奇珍南珠,最后由果及人,感慨龙眼幸亏生在这蛮荒之地,免了像荔枝那样因为杨贵妃喜欢而受玷污。他真是本性难移,之前接到皇上的赦令时,还写检讨表示:"这辈子不再求什么荣华发达,以后一定管住自己的嘴。"

他给张太守留下的作别诗,还提到了当地的猪笼饼和真一酒。猪笼饼是合浦现在还保留的寻常食物。也许人在旅途,吃什么都有不同的滋味。

苏东坡还去了现在只剩下半爿的名刹东山寺,却吃了"闭门羹",云游的大和尚在墙上留下了一句诗:"闲伴孤云自要飞",他忍不住"戏和其韵":

孤云出岫岂求伴,锡杖凌空自要飞;
为问庭松尚西指,不知老奘几年归。

未能与"专业人士"谈禅论佛,苏东坡在穷乡僻壤的廉州却遇到一位"业余禅友"——一个叫"苏佛儿"的种菜老农。这个八十二岁的在家居士,慕名来寻苏东坡,眼睛像小孩一样闪闪发亮。苏佛儿从十二岁起就吃素修行。有人劝他只要心里有佛,没必要吃长素。老头认为凡人难修佛性,主要是酒肉穿肠过,容易

随波逐流，所以觉得坚持吃素好。这故事的禅机触动了老苏，他连声赞叹："如是，如是。"特地把这件事记了下来。

流寓廉州的苏东坡像一条鱼回到了水里，泼刺刺恢复了生机。穿廉州城而过的西门江，入海处有个海角亭，苏东坡有一天漫游到此，天高云淡，碧波万顷，挥毫写下了"万里瞻天"四个大字，后人将之刻木为匾，悬于亭中，成为合浦流传至今的一道文化风景。

但朋友却不免担心他墨客骚人的旧病复发。已弃官隐居在安徽当涂、与他多有唱和的好友郭祥正寄来了一首《寄东坡先生自朱崖量移合浦》：

> 君恩浩荡似阳春，海外移来住海滨；
> 莫向沙边弄明月，夜深无数采珠人。

惺惺相惜，除了祝贺老朋友获赦北归，更嘱咐他写诗作文不要讽时谤世了，免得招惹是非。

当年的中秋过后，苏东坡重新启程，"作木筏下水，历容（州）、藤（州）至梧（州）"，沿水路北返，次年便在常州溘然病逝。廉州他尝过的龙眼，并没有因他的诗火起来；他汲过的那口"东坡井"，井壁也铺满青苔，长着杂草小树，名犹在，井已涸；人已逝，草还青。油然而生浮想当年夏秋清晨，苏东坡宽袍长袖亲自在此汲水的情景，让人不禁唏嘘。

（梁思奇）

## 黄庭坚：
## 多少长安名利客　机关算尽不如君

北宋时在文学上深受苏东坡影响，并取得较大成就的，有那么四位，称"苏门四学士"。为首的是黄庭坚。

黄庭坚（1045~1105），字鲁直，自号山谷道人，世称黄山谷。他是分宁（今江西修水县）人，被尊为盛极一时的"江西诗派"开山之祖。黄庭坚少有文名，五岁即能背诵五经，七岁便作《牧童》一诗：

> 骑牛远远过前村，吹笛风斜隔垅闻。
> 多少长安名利客，机关用尽不如君。

其舅父有意考他，随便从书架上取书一本出题查问，他均能对答如流。舅父甚奇之，称他有"一日千里之功"。宋英宗治平三年（1066），二十二岁的黄庭坚乡试中第一名。主考官李洵对其试卷拍案叫好，预言黄庭坚"他日有诗名满天下"。次年春，应礼部考试中三甲进士，黄庭坚从此登上仕途。任过汝县县尉、

太和知县、校书郎、中书舍人、国子监教授等职，其间仕途顺遂，没有多少波折。

黄庭坚文学成就很高，其诗与苏轼齐名，词与秦观齐名。苏轼读其古风二首，赞为"超绝尘，独立万物之表，驭风骑气，以为造物者游，非今世所有也"。黄庭坚又是著名的书法家，被列入书法史所谓"宋四家"，其墨迹为世所重。

五十岁那年，黄庭坚开始了倒霉的日子。党争之累，让他尝尽苦头。最厉害的一次，也是最后的一次在崇宁元年（1102），徽宗亲政，起用蔡京为相，蔡京等人对旧党人物疯狂报复迫害。崇宁二年四月，宋徽宗下诏销毁三苏、秦观和黄庭坚的文集。黄庭坚因在荆州作《江陵府承天禅院塔记》被加"幸灾谤国"罪名，羁管宜州。所谓羁管，即羁留管制之意。

黄庭坚四月初只身南下广西宜州，途经全州、桂州（今桂林）。他在桂林游览了一阵是可以肯定的。今桂林榕湖有一景，名"黄庭坚系舟处"。旁边大榕树下刻有黄庭坚书颜延之诗《五君咏》。今人念及，感慨系之。黄庭坚一路辗转，于五月到达宜州，次年病卒。黄庭坚虽然顶着一个羁管身份，身居破败不堪的南楼，但终日读书赋诗，举酒浩吟，风雨不动，处之泰然。

其实在此之前，黄庭坚早已历受流放之苦。自绍圣元年（1094）开始，黄庭坚先后被贬涪州（今重庆市涪陵区）、黔州（今重庆市彭水一带）、戎州（今四川宜宾市）等地，或赁屋居住，或寄寓僧寺，左右皆愀然，他却大度坦然。其居所或名"槁木庵"，或名"任运堂"，他达人知命，挥洒笔墨，于艺术世界之中养其浩然之气。

黄庭坚初到宜州,州官为讨好新党,将其安排在条件恶劣的城南居住。黄庭坚将其寓所取名为"喧寂斋",在此设馆讲学,受到百姓关爱。后来其兄黄大临(元明)来探望后,才获准迁居城内南楼。宜州人民敬其道德文章,慕名前往求诗求书。每有前来请教学问的官吏僧俗,他都一一满足。黄庭坚在宜州,朋友陪他游遍附近的白龙洞、天竺寺、九龙岩、龙泉等风景名胜。在游城南二里处的龙泉时,听说此泉水重于其他地方的水,他半信半疑,用木桶亲自对比测量,此泉水果然比其他水重。从此,此泉又名重泉。

《宜州乙酉家乘》是他在宜州写下的日记,记述了在宜州一年多的许多事情。如宜州一副职官员俞若著对他恭敬有加,安排馆舍,并让两个儿子拜黄庭坚为师。曾在邕州为官的范寥当时在千里之外的福建,千里迢迢赶来看望。黄庭坚辞世时,范寥守候在侧,料理后事。日记还记录宜州太守党光嗣给黄庭坚送含笑花,以及宜州父老常送他粟米、山药、蜂蜜、竹笋、木炭、竹席等土特产的"琐事"。读着这些记录,特别让人感喟:一个人,特别是一个官员,在其人生道路上顺风顺水、前呼后拥的时候,此类事情无非鸡毛蒜皮,微不足道。而当其人生失意、官场遭贬、受尽人间白眼之时,"琐事"方见其千钧分量。所谓"渴时一滴如甘露,醉后添杯不如无",就是这个道理。

宜州人民用最质朴的情感,温暖着文化巨人的黄昏岁月。黄庭坚在宜州的最后日子里,仍然笔耕不辍,共计写下《在宜州南

楼作二首》《虞美人·宜州见梅作》《青玉案·至宜州次韵上酬七兄》《南乡子·重阳日宜州城楼宴集即席作》等诗词十五首,以及《代宜州郡官祭党守文》《左藏君墓志铭》等文章和书法作品若干。书法作品大都辗转流离,今仅存《范滂传》。

  崇宁四年(1105)九月三十日,宜州南楼那盏昏黄的灯光熄灭了。那一年,黄庭坚六十一岁。历史终由后世人来书写,南宋高宗绍兴初年,黄庭坚终获平反昭雪,追赠龙图阁直学士,加太师,谥号"文节"。宜州人民对黄庭坚一直缅怀至深。今天的宜州,有修缮完好的山谷祠,有黄庭坚衣冠墓(其尸骨迁回故里安葬),有黄庭坚画像石刻,宜州城中有一条通衢被命名为山谷路,还有一份办得文采飞扬的小报《南楼丹霞》。山谷先生在宜州传播文化,留下的传统生根开花、千秋永存。宜州一直是广西文化教育比较发达的地方。今天到宜州游览的人,很少不到山谷祠及南北二山去凭吊一番的。

(彭匈)

## 秦观：
## 海棠桥畔醉人归　醉乡广大人间小

"苏门四学士"的另一位杰出人物，宋词婉约派领袖人物秦观，"三言"中说他是苏东坡的妹夫，《苏小妹三难新郎》里的描述特别有趣，真实的秦观与故事里的秦观一样，是一个才华绝世、风流倜傥的书生。

秦观（1049~1100），字少游，一字太虚，别号淮海居士。扬州高邮（今江苏高邮）人。宋神宗元丰八年（1085）进士。曾得苏东坡推荐，任太学博士、国史院编修官等职。秦观生性豪爽洒脱，长于文词。二十岁作《浮山堰赋》，二十四岁作《单骑见虏赋》，为世所重。其散文长于议论，其诗长于抒情，其词婉约清丽，代表作为《鹊桥仙》：

纤云弄巧，飞星传恨，银汉迢迢暗度。金风玉露一相逢，便胜却人间无数。

柔情似水，佳期如梦，忍顾鹊桥归路。两情若是久长时，又岂在朝朝暮暮。

其中"两情若是久长时,又岂在朝朝暮暮",被后人评为"化腐朽为神奇"的名句。敖陶孙《诗评》评说"秦少游如时女游春,终伤婉弱",成了秦观作为宋词婉约派领袖的充足理由。北宋元祐年间(1086~1093),汴京出现了文学大家云集的壮观景象。盖因哲宗年幼,高太后听政,起用司马光为相,以苏轼为翰林院学士兼侍读,苏辙、黄庭坚、秦观、文彦博等著名文人集于都城,诗赋辉映,盛况空前。惜乎好景不长,高太后死后,哲宗任用新党,旧党失势被逐。秦观亦被一贬再贬,最终编管横州。所谓编管,即除去名籍,贬谪州郡,编入贬谪地户籍,由当地官吏加以管束,类似今之监外执行。其胸中积愤,从《浮槎馆书事》中可知:

身与杖藜为二,对月和影成三。
骨肉未知消息,人生到此何堪。

秦观是元符元年(1098)到达横州的,住在城西浮槎馆。心情郁闷的秦少游终日闭门读书,排遣离愁。好在横州四季常绿,风光可人。城西有海棠桥,海棠拥岸,清香十里。秦观与桥头祝秀才过从甚密,一次醉卧祝家,醒来大笔一挥,遂得一阕《醉乡春》:

唤起一声人悄,衾冷梦寒窗晓。瘴雨过,海棠晴,春色又添多少?
社瓮酿成微笑,半缺瘿瓢共舀;觉倾倒,急投床,醉乡广大人间小。

在横州，秦观写下颇多诗词，计有《月江楼》《醉乡春》《冬蚊》《反初》等，给横州带来了一股清新的文风。而那阕在祝秀才家醉后而作的《醉乡春》，属他词作中的上品。其"醉乡广大人间小"堪称千古名句。横州的自然风光、友人的款款慰藉，也常常会影响秦观的心情。下面这首《宁浦书事》便体现了诗人心绪的微妙变化：

鱼稻有如淮右，溪山宛类江南。
自是迁臣多病，非干此地烟岚。

秦观在横州传播中原文化，有两件事值得一提：一是他于城西设馆讲学，广收生徒，教化当地民众，"经指受作文，皆有法度可观"。后来的淮海书院，就是在此基础上发展起来的。二是教化当地百姓种桑养蚕，发展经济。其所撰《蚕书》，是我国现存最早的一部蚕桑专著。

秦观五十一岁时，徽宗即位，大赦党人，他遇赦北还，复任宣德郎。半生惨淡的秦少游，此刻倒做了一个富于喜剧色彩的了结——途经藤州，与友人游光化亭，聚饮大醉，为友人吟诵梦中长短句《好事近》，索水欲饮，水至，笑视之而卒。苏东坡曾发"高山流水之悲"，黄庭坚也作诗悼曰："闭门觅句陈无己，对客挥毫秦少游。正字不知温饱未，西风吹泪古藤州。"其实，苏、黄两位文学家的生命也快走到尽头了。秦观逝去一年后，苏东坡辞世；又过四年，黄庭坚也驾鹤西去。三位巨匠的一生实在让人

感慨。同时催人思索的，还有一个现象，即当时那些手握重权，以打击、陷害贤良为能事的人，他们轮番罗织罪名，必欲置人于死地而后快，比如，元祐五年（1090）弹劾秦观"素号薄徒，恶行非一"而使秦观罢太学博士的右谏议大夫朱光庭；元祐六年诋秦观"行为不检"而罢其正字的贾易；攻击他任意增损《神宗实录》，几乎要了他的命的御史刘拯；等等。另外，陷害苏东坡、黄庭坚的权臣，随手一列也是一大串。三位屡被加害的文学家留下千古英名，百姓口碑相传，而且年代愈久远，愈见出其万丈光辉。而那些因害人而得势于一时的"正人君子"们，他们到哪里去了呢？"尔曹身与名俱灭，不废江河万古流"，在诠释着人间正道的一条条颠扑不破的真理的时候，特别能显出这两句杜诗的万钧分量。

秦观去世二十年后，宋高宗亲颁《追赠直龙图阁敕》，追赠秦观为直龙图阁学士。今日旅足横州市，当年的祝秀才家已无觅处，青石砌就的海棠桥依然横卧溪上，只是不见清香十里的拥岸海棠。"瘴雨过，海棠晴，春色又添多少？"每每行吟桥畔的时候，笔者心中涌起某种期待的同时，蓦地记起淮海居士曾写过一首特别温婉的关于雨后小景的诗："一夕轻雷落万丝，霁光浮瓦碧参差。有情芍药含春泪，无力蔷薇卧晓枝。"今天的横州市，已是闻名遐迩的茉莉花之都了。这是不是横州与诗人的一种心灵的契约，很值得人们做一番全新的解读。

（彭匈）

## 米芾：
## 大匠初仕到桂林　天下谁人不识君

世界画坛上，留下自画像的画家不少，凡·高、伦勃朗等都有多幅传世。中国古代的画家多为别人造像，为自己的"尊容"描摹几笔的却很难找见。但在桂林伏波山还珠洞，便有我国古代大艺术家米芾的自画像，而且是全身白描，风神潇洒，姿态飘逸。

米芾（1051~1107），初名黻，字元章，号襄阳漫士、海岳外史等。世居太原，迁居襄阳，后定居润州（今江苏镇江），北宋著名书画家。宋徽宗时召为内府书画学博士，官至礼部员外郎、郎中。礼部郎中又称"南宫舍人"，故世人称他为"米南宫"。米芾善画人物，尤擅山水，画时用大小错落的浓墨、焦墨、点簇来再现层层山头，画坛上有"米点山水"一说。米芾的书法也潇洒自如，独创一格。他对书法的布局、结体、用笔等，均有独特见地，要求"稳不俗、险不怪、老不枯、润不肥"。时人将苏、黄、米、蔡并称"宋四家"。米芾极有个性，平日放荡不羁，尤爱奇石。《宋史·文苑传》曾有过"米芾拜石"的记载："无为州治有巨石，状奇丑，芾见大喜曰：此足以当吾拜！具衣冠拜之，呼为

兄。"此外,他还有许多为常人不可思议的举动。世人爱其天真烂漫,呼为"米癫"(一为"米颠")。

米芾的大名,自当到了"天下谁人不识君"的地步。这位赫赫有名的大书画家曾在广西做过官,留下过一段佳话。

北宋神宗熙宁六年至八年(1073~1075),米芾出任广西临桂县县尉之职。县尉是执掌一县军事、治安的长官,相当于今天的县武装部部长兼公安局局长。这年五月,他与县令潘景纯同游桂林伏波山还珠洞。米芾一时来了兴致,在与试剑石相对的石壁上题了一行字:"潘景纯、米黻,熙宁七年五月晦同游"。米芾之名是他四十一岁后才改的,故题壁为其原名(一说是好事者为之)。

米芾能到临桂做官,实在是上苍对他的厚爱。桂林的奇山秀水,为他的艺术生命提供了无穷无尽的养料。据说他曾画过《阳朔山水图》,可惜画作已经失传。桂林的奇石,也足以让爱石成癖的他大饱眼福。

还珠洞内的这一题刻,是米芾早期的作品,也是他在桂

● 桂林伏波山米芾自画像

林留下的唯一书法真迹，而他的自画像得以刻在题字的旁边，是一百多年之后的事了。

南宋宁宗嘉定六年（1213），方信孺到桂林担任广南西路提点刑狱，不久改任转运判官。他在游览伏波山时看到米芾的题字，流连难舍。正巧，米芾的曾孙米秀实来桂林任方信孺的幕僚，米秀实藏有其先祖米芾的自画像真迹。方信孺得知大喜，从米秀实处借来米芾自画像，刻在还珠洞米芾题字处右边，并在米芾自画像下方写了《宝晋米公画像记》以记述。

米芾自画像高1.2米，宽0.5米。据说米芾喜着唐服，其自画像上长袍大袖、顶冠足履。其右脚迈开，作举步行走之势，身段优美，洒脱不羁。此像据说是米芾对着镜子画的，此亦足见"米癫"卓尔不凡的性格。当年笔者在桂林求学，几乎每个星期都要到还珠洞与"米癫"神交一次。只是每见米芾右手伸出二指，不知所指者何。米芾自画像的上方，刻有宋高宗赵构御书赞语："襄阳米芾，得名能书。六朝翰墨，渔猎无余。骨与气劲，妙逐神俱。风姿奕然，纵览起予。"高宗皇帝这番评点，颇为精辟。

米芾自画像的右方，还刻有他的长子、人称"小米"的名画家米友仁的跋语："先南宫戏作此小像，真迹今归于御府。"今天，归于御府的真迹早已不知所终，而镌刻在伏波山还珠洞中的米芾自画像，倒成了桂林石刻中的精品，一直为桂林山水增添着无穷的人文光彩。

（彭匈）

## 范成大：
## 留下《桂海虞衡志》　笔走龙蛇写广西

南宋诗人范成大，在广西做官只有两年，却尽心尽力为百姓办实事，并写成一部记载广西风土人情的重要著作《桂海虞衡志》。

范成大（1126~1193），字致能，号石湖居士，苏州吴县（今江苏苏州市吴中区）人。他出生于官宦之家，宋高宗绍兴二十四年（1154），本无意仕途的他在父亲生前好友王葆的劝导下，参加了当年的科考，得中进士，开始了长达三十年的官宦生涯，累官至吏部尚书，拜参知政事（副宰相）。

乾道八年（1172），性格耿直的范成大，因在是否任用外戚张说担任军务要职一事上，与皇帝意见相左，被贬到地方任职。第一站是静江府（今桂林），任知府兼广南西路经略安抚使。

其时，广西被称为"蛮荒之地"。然而到了桂林，亲见桂林之美，并感受到当地老百姓的淳朴后，范成大不仅相信了前人"五岭皆炎热，宜人独桂林"，还写诗填词赞美桂林："风气清淑，果如所闻，而岩岫之奇绝、习俗之醇古，又有过所闻者。"并渐渐喜欢上蛮茶、老酒这两种桂林的特产。

范成大在广西的两年,多有惠政,较著者有:上疏朝廷,请求停止向老百姓增加临时摊派,请求"裁抑曹司强取之数,以宽郡县",得到批准;原规定边境互市,马以四尺三寸为限,可朝廷后来加至四尺四寸以上,范成大认为原规定已实行了四十年,不宜骤改;严惩不守法纪的地方官吏及世居民族"豪酋",减少百姓所受侵害;他在少数民族地区设博易场,禁止私易。此外,他较好地处理了民族关系,增强了边境地区的安定团结。

范成大赴广西上任时,是从苏州出发,经富春江、长江、赣江、湘江入兴安灵渠,然后到达桂林的,历时近四个月,全程都是水路。途中,他见到了秦代三大水利工程之一的灵渠,对其构造上的巧夺天工大为惊叹:"治水巧妙,无如灵渠者。"

然而,他又发现,灵渠已经年久失修,尤其是分水潭中的铧嘴和拦水坝。因此,范成大一到职,即组织民工维修。此外,他还主持修复朝宗渠,使其"东接漓江,西入西湖,达入阳江",游人泛舟其上,几乎可以饱览桂林所有著名景点。

范成大在循水路来广西途中,既写诗又写日记,到桂林时即完成了旅行记《骖鸾录》。他在任职期间,也一直注意观察、了解广西的风土人情,两年后离职时,写成了一部记载广西风土人情的重要著作《桂海虞衡志》。

《桂海虞衡志》是关于广西的博物志、民族志。虞、衡均为古官名,虞掌山泽,衡管川林。范成大给自己的书取名"桂海虞衡志",意为该书是岭外山川风物等情况的记录。全书共十三篇。

在此书中，作者说自己曾北过黄河、西使四川、南至交广，万里所至，见过名山胜景无数，但都不及桂林山水。"桂山之奇，宜为天下第一"。因此，他将《志岩洞》列为首篇，其中介绍有名的奇特岩洞达三十多个，而这些岩洞都是他亲自察看过的。在《志禽》《志兽》两篇中，范成大介绍了当时广西众多的飞禽走兽。禽有孔雀、鹦鹉、乌凤等；兽有象、马、猿、花羊、乳羊、绵羊、猩猩、山猪、石鼠等。如今八百多年过去，书中记载的这些珍贵动物，如今大多已经锐减，有的甚至灭绝了。《志蛮》一篇，他记述了广西一些少数民族的历史、社会和生活概况，对后人研究宋代壮、瑶等民族的社会政治组织很有帮助。

《桂海虞衡志》是继唐代刘恂《岭表录异》一书后又一部博物志。它具有重要的科学价值。当时与范成大同在桂林做官的周去非（时任静江府通判），就受其影响，也写了《岭外代答》一书，内容比《桂海虞衡志》更加广泛，堪称是姐妹作。周去非在自序中说，自己在桂林任职时"尝随事笔记，得四百余条……晚得范石湖《桂海虞衡志》……因次序之"。从中可以看出范书对他著《岭外代答》的启迪与影响。

在南宋文学史上，范成大与陆游、杨万里、尤袤被称为"中兴四大家"。他在桂林期间，不仅政绩斐然，也创作了不少优秀诗篇。这些诗歌多为咏物写景、寄赠酬别、记游叙事诗，保存在《范石湖集》卷十四中。因为自幼受儒道思想影响，加之仕途上遭受由京官贬为地方官的打击，范成大到桂林后尽管醉心于桂林的山水，且日常生活颇为悠游闲适，但仍有些惆怅。他的一些诗中,隐隐透露出思乡、归隐之意。至于他的咏物写景诗,则较多地写了在桂林生活期间,对桂林的风土人情和秀美的山水风光的赞美,如《喜雪示桂人》:

> 腊雪同云岭外稀,南人北客尽冬衣。
> 从今老杜诗犹信,梅片飞时雪也飞。

范成大在桂林时,常常与周去非、郭季勇等人诗酒往来,也与他们结下了深厚的情谊。他的寄赠酬别诗,主要记载他与这些人的交往活动,如《送周直夫教授归永嘉》写道:"知心海内向来少,解手天涯良独难。"将知音难觅之感、依依惜别之情流诸笔端。杨万里曾在《石湖居士诗集序》中,对范在桂林期间创作的诗进行点评:"大篇决流,短章敛芒;缛而不酿,缩而不僒。清新妩媚,奄有鲍谢;奔逸隽伟,穷追太白。"

宋孝宗淳熙二年(1175),朝廷一纸令下,范成大转任四川制置使。已经深深恋上广西这块土地的范成大,接到调令惆怅而无奈。当同僚、友人送他到全州并与他辞别时,他写下了"南归北去路茫茫,不是行人也断肠","把酒故人都别尽,今朝真个出阳关"。离开桂林后,他再也没有回来。

(刘娟)

## 周去非：
## 粤右薄宦录风俗　《岭外代答》号压卷

当代人研究古代"海上丝绸之路"，绕不开一本书——南宋周去非所著的《岭外代答》。书中记载宋代岭南地区的政治经济、物产民俗，以及与海外诸国的交通贸易。其中包括南海诸国与麻嘉国（今麦加）、白达国（今伊拉克）、勿斯离国（今埃及）、木兰皮国（今北非一带，当时"海上丝绸之路"达到的最远点）等国家和地区的情况。许多内容都是周去非在"海上丝绸之路"重要港口钦州任职时，获得的第一手见闻。

周去非（1135~1189），字直夫，浙东路永嘉（今浙江温州）人，南宋隆兴元年（1163）进士，在淳熙年间（1174~1189），曾先后在钦州任教职官、在桂林任县尉。任满归乡后，他说自己穷于接待和回答那些打听岭南情况的访客，就写出了《岭外代答》。当时，恰逢南宋最有作为的皇帝赵昚实施"乾淳之治"，文人中"立言""立功"的使命感较浓。

周去非出身于一个教育世家，祖父周行己是北宋教育家，元祐进士，官至太学博士。周去非的大哥周鼎臣把几个弟弟都培养成了进士。不过周去非排名不高,只能做簿、尉一类低品的小官。

他的第一份官职是钦州教授,相当于钦州的教育局局长。在钦州知州、岳飞第三子岳霖的领导下,拓建钦州学宫,振兴儒学教育。这份工作干得不错,中途他告假回乡"丁忧",岳霖还聘请他返岗继任教授。

后来,周去非就到静江府(在桂林)任县尉、"摄邑灵川",也可能是以县尉之职代理知县,而且这个岗位也方便他到范成大的帅府与文友交流,范成大对他的评价是气质"拔俗",将他比作"海内知心"。范成大调离广西之后,周去非的师兄、理学大家张栻继任静江知府,周去非经常跟随他巡游桂林。淳熙年间,周去非还任过广南西路桂林通判。这是直接由皇帝委派,兼行政与监察于一身的中央官吏。

周去非与这些名臣意气相投,交游甚密,其日常作为与文章,也以经世致用为主,注重收集实用资料,以助国事。他在广西时处处留心,随手做笔记,积攒了四百余条,所记均为"疆场之事、经国之具、荒忽诞漫之俗、瑰诡谲怪之产",这些都是在为日后写志书做准备,为后来者治理世务、经国济民提供参考。

可惜的是,这些笔记在周去非返乡途中,夹在其他书里丢失了。他本已放弃写书,但后来看到范成大出版《桂海虞衡志》,又在药包里翻到了自己笔记的目录,就赶紧写出七万多字的《岭外代答》。正因如此,《岭外代答》长期被后世视为《桂海虞衡志》的唱和之作,名气不高,导致乏人问津乃至佚失,幸得清代四库馆臣从《永乐大典》中辑出,恢复原貌。

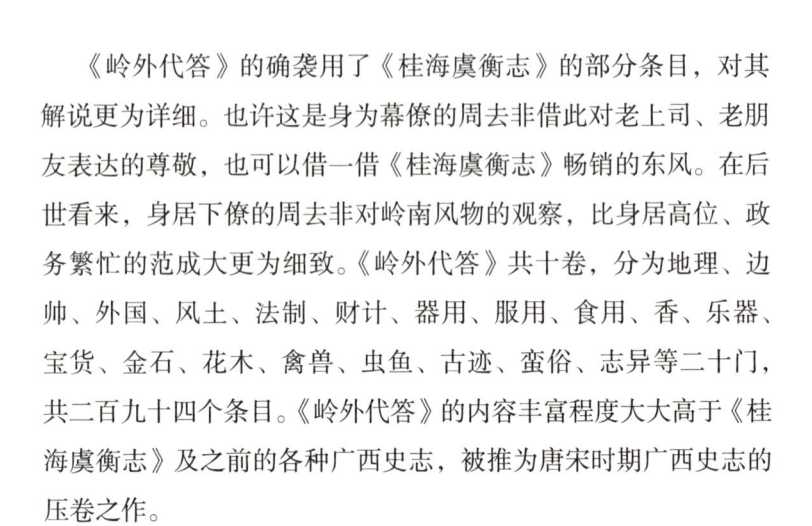

《岭外代答》的确袭用了《桂海虞衡志》的部分条目，对其解说更为详细。也许这是身为幕僚的周去非借此对老上司、老朋友表达的尊敬，也可以借一借《桂海虞衡志》畅销的东风。在后世看来，身居下僚的周去非对岭南风物的观察，比身居高位、政务繁忙的范成大更为细致。《岭外代答》共十卷，分为地理、边帅、外国、风土、法制、财计、器用、服用、食用、香、乐器、宝货、金石、花木、禽兽、虫鱼、古迹、蛮俗、志异等二十门，共二百九十四个条目。《岭外代答》的内容丰富程度大大高于《桂海虞衡志》及之前的各种广西史志，被推为唐宋时期广西史志的压卷之作。

当时的钦州号称天涯，是西南海疆，文教不发达，所留史料较少。周去非因在钦州任过职，所以书中记述钦州的内容较为详细，留下许多宝贵材料。他说钦州天气是"雨则寒气渐渐袭人，晴则温气勃勃蒸人"，整个广西"雨下便寒晴便热，不论春夏与秋冬"。他还考察学习钦州一带的方言，并不按过去观点认为是"土语"，反而称赞是"雅言"，比如"早曰朝时，晚曰晡时，相交曰契交，自称曰寒贱，长于我称之曰老兄，少于我称之曰老弟，谓慵惰为不事产业，谓贫困无力曰力匮"。他认为"其间所言，意义颇善，有非中州所可及也"。

《岭外代答》对宋朝有关民族地区的管治制度记述详细。书中说宋代对岭南边陲建立羁縻州县和溪峒，长官由当地族酋担任，这种"习基旧俗，官其酋长"的政策，使王朝对边地的统治有所加强，巩固了多民族国家的发展基础。

周去非对广西溪峒之民骁勇善战的表现，印象十分深刻。他在书中记述，溪峒之民，无不习战，刀弩枪牌，用之颇精。曾经有官员借用溪峒的民夫陪伴自己到钦州，路上碰到麋鹿，民夫都能捕获，天上飞的老鹰，民夫都能射落。一天晚上碰到劫道的盗匪，其他随从都十分惊惧，只有溪峒的民夫好整以暇，轻松面对，盗匪竟然不敢上前。周去非认为，如果疆场有事应该起用溪峒民兵，一定能建立奇功。

《岭外代答》是周去非唯一传世的著作。清代《四库全书》对其评价："实补正史所未备，不但纪风土物产徒为助谈已也"。

（甘宁）

● 光绪版《岭外代答》

## 碑 詩 縉

### 學士南游詩

八景蒼梧記名勝
日昇崗崗隨鴉鳴
浪湃舟搖仙佩響
火山水井銘鎬石
滾滾當年最有情
元結臨池風細月波生
千古奇崖遺古跡
于今蒼悟留遺息
舜井中分水局清
蒼梧柳絮雲間吹
薰喚起城龍舞
抬天二水通交趾
桂嶺一峰出舜庭
人視南天俊鶻征

三月藤江聽子規
雲邊桂樹趁春晴
迢迢鄉裏逢寒食
藤州即事
三月藤江
桐花細雨涇徹衣
處處人間上塚歸
繡水東來合鬱江
古藤城扉鎮南邦
江月樓空虹錦帳
晴日鶯花紅錦帳
山雲橋渡飛虹井
春風楊柳油幢
金鶏嗚薦翠玉屏
金鶏驛前津凄迎
金鶏飛上九天去
雙旌罷旆小洲
翻思牽錦青天上
河漢江聲共北流
年年于此眺龍舟
怵肉登者依其名
金鶏岩下江水淨
金鶏岩

解縉（一三六九—一四一五）字大紳，少聰敏，稱神童，江西吉水人，明洪武進士，授中書庶吉士，禮部郎中，常草疏，時政，帝揣其才，改御史，以其年少，令還家進業，成祖入京，擢侍讀，入直文淵閣，預機務，任翰林學士兼右春坊大學士，主編《永樂大典》。

縉為官清廉，剛直不阿，痛斥時弊，被遠謫交趾，貶廣西參議，臨京，從漕運越長江，入湘過瀟水，至蒼梧，沿途駐驛站，俯黎民情，與民同樂，抒懷暢詠，遍摘花開，鳲鳩，寫下《蠻家寨》七絕一首，片道經蒙江，兩岸豆蔻花開，咕鳩鳴至，遍摘來初熟楊梅，請學士品嘗，因人印學，
道家人文景觀研究會

## 明

### 賈家寨　明大學士解縉

**賈家寨前風雨晴　思羅江內水初生**

## 解缙：
## 谪居南国树诗碑　名士风流千古传

永乐修大典巨集文章垂翰史；
古寨听鸣鸠豪吟亮节有涛声。

这是藤县象棋镇道家村"解缙诗碑"的对联。上联称颂他编纂《永乐大典》的丰功伟绩，下联肯定他对广西文化发展的影响。

解缙（1369~1415）出生于江西吉水，是一个天资非凡的神童。十九岁就中了进士。明成祖时，他主持了国家级重大文化工程——编纂《永乐大典》，足见他才智过人。明太祖和明成祖都对解缙宠爱有加，解缙便"时时敢直言"，一遇到不顺眼的人和事，便无所顾忌地揭发和抨击，得罪了不少人。

永乐五年（1407）二月，解缙被冠以"廷试读卷不公"的罪名"谪广西布政司参议"。后又被礼部郎中李至刚说他"怨望"，成祖马上又改贬他去交趾做右参议，"命督饷化州"。解缙在去交趾前逗留在广西至少有两年多的时间。

从有关记载看，解缙在广西期间似乎只是讲学论文、交友赋诗、游山吊古，并没有参与重要政治活动。他从全州、兴安、灵川、桂林、阳朔、平乐、苍梧、藤县、北流、南宁、柳州、宁明、龙州等地一路游来，一路写诗，留下了不少诗篇。汪森收入《粤西诗载》的解缙诗，就有七言律诗《七星岩》等九首、七言绝句《过全州》等十七首、七言古诗《过苍梧峡》一首。

遭贬谪固然是一件很沮丧的事情，可是他处的风景和别样的生活，却激起了解缙的浓厚兴趣，也冲淡了他的悲情愁绪。当他进入广西，看到南国的美景时，不禁心情舒畅，诗兴大发，尽情地抒写着大自然的旖旎风光。对桂林"漓江倒影山如画，榕树交柯翠夹城"的绝妙风光，更是赞不绝口。此后，他沿桂江而下梧州，被沿岸景色吸引，特地写了《过苍梧峡》长诗，尽情地描写

● 广西窦家寨的"解缙诗碑"

桂江两岸的千姿百态。

南国的百姓生活也深深地吸引了这位来自北方的官员、学者兼诗人,于是在他的笔下就有了这样一些恬静闲适的生活图景:

**龙州(之一)**
菠萝蜜树满城闉,铜鼓声喧夜赛神。
黄帽葛衣圩市客,青裙锦带冶游人。

当然,解缙也有郁闷的时候。毕竟被贬到偏僻的广西,远离京城、远离家乡,不时也会产生思乡之情,生出"不如归去"的念头:"却忆故乡山更好,锦袍归去棹扁舟。"(《游勾漏》)

解缙始终没有放弃自己的梦想,对自己的前途抱有很大的希望。刚到广西时,他时时"客怀清梦到神京",盼望"薰风隔岁如相约,两度吹船上玉京"。就是到了龙州边地,也没有放弃这个信念:

**龙州(之二)**
交州出到龙州路,瘴雨荒烟泣鹧鸪。
始信玉关长闭好,欲将封事赞皇图。

他希望回到皇帝身边,一展平生的抱负。

解缙在广西居留比较久的地方有两处:一处是藤州(今藤州市)水月岩,他在这里住了几十天;另一处是思明州(今宁明县），他在这里住了一年多。

解缙是个大学问家，在南国僻壤也有崇拜者。当解缙来到藤州时，藤州官民惊喜万分，一大早就在藤州郊外的金鸡驿候着。解缙也喜欢当地的民风、学风，便在水月岩住了下来。应当地群众的强烈要求，解缙作了短期讲学，传道授业。《藤县志》留下这样的记载："解缙……过藤州，爱藤山水，寓水月岩。盘桓旬月，藤人士多就学焉。"

在宁明时，他住在太子泉书院，常与思明府知府、壮族土司黄广成"寻芳咏诗，结欢岁余"。在这里，一批好学青年上门求学，人气鼎盛，学风大炽，后人认为思明"文教之兴，始于先生"。而且，解缙的影响及于当时的安南。

永乐八年（1410），解缙奔赴京城，并在成祖外出的情况下私谒皇太子，让政敌抓住了把柄，终于招来杀身之祸。永乐十三年，锦衣卫头目纪纲将解缙灌醉，"埋积雪中，立死"，年仅四十八岁。

（宾长初）

# 王守仁：
## 文事武功到极致　先贤八桂留胜迹

王守仁是一个很奇特的人物。在他身上，文事武事都张扬到了极致。

王守仁（1472~1529），字伯安。浙江余姚人，明弘治十二年（1499）进士。因在故乡阳明洞中筑室而居，后又创办阳明书院，世称阳明先生。是明代中后期著名的哲学家和教育家。

明正德元年（1506），时任兵部主事的王守仁上书言事，触怒大权在握的大太监刘瑾，被廷杖四十，贬为贵州龙场（在今贵州修文县）驿丞。驿丞大约相当于县级招待所所长，主要职责就是养驿马，供官府送紧急公文的人换乘。王守仁官场上可谓一落千丈。当时的龙场，地僻民穷，瘴疠横行，各族杂处，语言不通。龙场驿站更是年久失修，举目皆残垣破瓦，无以为居。阳明先生大约想起早年洞中筑室的经历，便在离驿站一公里处寻得一处矮穴，结庐而居。这样的艰难环境，反倒应了《易经》"否极泰来"之象。阳明先生将草庐命名为"玩易窝"，在此一住三年，钻研"程朱理学"，终得大悟，"夫万事万物之理不外于吾心"，"心明便是天理",完成了史称"龙场悟道"的重大转变,创立"心学"、"知行合一"说、"致良知"说,促成了宋明理学的终结,促进了中国哲学的转向。王守仁独树一帜的精细而完备的主观唯心主义哲学体系,不仅影响了中国数百年人文历史,而且在国外也产生了巨大影响。

王守仁一生传奇,几历生死。嘉靖六年(1527),五十六岁的王守仁到了生命的尾声。六月,奉朝廷命兼任都察院右都御史,总督两广军务,出征思恩府(治今平果市旧城镇)、田州府(治今田东县祥周乡祥周村旧州屯)。十二月,又奉命兼任两广巡抚。十二月二十六日,王阳明率部抵达南宁。《明史·广西土司传》载,田州府土官知府岑猛父子,与思恩府土官都指挥同知岑浚祖孙、头目王受等多年互相仇杀,地方生灵涂炭。朝廷派都御史姚镆发兵征讨,由于姚镆举措失当,一味征剿,遭到土官头目拼死反抗,酿成叛乱。王阳明经过考察、分析,写成《奏复田州思恩平复疏》上奏朝廷,疏中说,若以

● 王守仁像

武力剿捕，无论胜败，均有十患；若用安抚之策，则收十善之效。他终于说服朝廷采纳土流并治，以流官知府约束土官土目的策略。王阳明于次年二月接受土酋卢苏、王受的投降，前后仅三个月，兵不血刃，平息了田州、思恩的祸乱。

其实，王守仁此举之前，曾在多处实施过招抚政策以平息叛乱。但是，作为朝廷命官，他时常都备有两手，"可抚则抚，可捕则捕"。平息思、田之乱后五个月，他奉命进剿八寨（今忻城、上林一些地方）、大藤峡少数民族起义，七月，大破浔州府（治今桂平市）大藤峡义军营地，大举杀伐。据其向武宗报功的奏疏中所载，所斩杀者达一万一千七百多人。

王守仁一生的主要精力花在办学传道上。早在贬谪贵州龙场时，他就应贵州提学副使席书之请，主讲贵阳文明书院，以一驿丞之身而大启西南之教，堪称勋劳卓著。后在他为官的江西、福建、广东等地，他均广设教坛，亲自讲授，一时生徒甚众，学者云集。他在九月初八出征思、田前夕，仍为学生钱德洪、王畿讲解《天泉四句教》，阐释他的"格物致知"理论。平思、田之乱后，即在田州、思恩、南宁设立书院，延师授业。

特别值得一提的是南宁的敷文书院。据民国二十六年（1937）版《邕宁县志》载："我县书院，明朝所立者，皆已久废，惟敷文书院岿然犹存。""敷文书院，在北门街口，即县学旧址。明嘉靖七年，新建伯王守仁征思、田驻邕时，建有正厅、东西廊房、后厅，日集诸生，讲学其中。后人因立公像于后厅，春秋祀之，名为文成公祠。"

王守仁的教育理念，至今看来，也颇有可取之处。他反对历来对待儿童的"鞭挞绳缚，若待拘囚"的惩罚式教育，主张"必使其趋向鼓舞，心中喜悦"以达到"自然日长日化"效果的启发式教育。在教学方法上，也主张因材施教，而不拘泥于课堂一隅，或歌、或饮、或舞、或读、或赋、或问，极尽活泼。对此，郭沫若曾予以高度评价，说"王阳明对于教育方面也有独到的主张，而他的主张与近代进步的教育学说每多一致"。对于办学目的，王阳明则在《敷文书院记》中说得很明白："守仁曷往视师，勿以兵歼，其以德绥，乃班师撤旅，散其党翼，宣扬至仁，诞敷文德。凡乱之起，由学不明，不失其心，肆恶纵情，遂相侵暴，荐成叛逆，中土且然，而况夷狄？不教而杀，帝所不忍。熟近弗绳，而远能准？爰进诸生，爰辟讲室，决蔽启迷，云开日出……"

王守仁赴广西上任之时，已是重病缠身，百药难治。嘉靖八年（1529）十月，旧疾剧发，遂请辞归。十一月二十九日船行至江西的南安，王守仁溘然而逝。终年五十又七。

至今，南宁尚存多处阳明先生的纪念遗址。线刻王阳明全身坐像碑现存于南宁市人民公园镇宁炮台内，刻像冠服肃然，神态自若；风景名胜青秀山上有阳明洞，石壁上镌有"阳明先生过化之地"，落款为"大明嘉靖四十年闰五月吉日左江兵备佥事门生欧阳瑜"。此外，王阳明诗文亦收入各种地方文献之中。

（彭匈）

# 黄佐：
## 文裕提学精修志　明习掌故多篇什

> 拔剑起舞临高台，北斗插地银河回。
> 长空赠我以明月，天下知心唯酒杯。
> 门前马跃箫鼓动，栅上鸡啼天地开。
> 倦游却忆少年事，笑拥如花歌落梅。

这首豪迈大气的《春夜大醉言志诗》出自明代大学者黄佐之手。

黄佐（1490~1566），字才伯，号泰泉，香山（今广东中山市）人，明代中后期岭南的著名学者，精通典礼、乐律和辞章，史学方面的成就也很高，尤其在理学方面以"惟理气之说独持一论"闻名。

黄佐出生于岭南儒学世家，曾任长乐知县的祖父黄瑜、父亲黄钱都是一代鸿儒。他于明正德十六年（1521）考取进士。嘉靖九年（1530）秋，黄佐以广西提学佥事身份，从广东溯西江而上，经苍梧转溯府江至桂林，开始了他在广西整整一年的任职生涯。

当时正值王阳明平定思田土司之乱，继而再次征讨大藤峡之后，连年的战乱使广西社会变得萧条凋敝。在这种情况下，为了尽快恢复正常的社会秩序，黄佐积极振兴学校、厉行教化，以稳定人心。一方面，大力推行儒学教育，先后主持重建桂林宣成书院和全州湘山书院，并积极吸纳瑶族和壮族子弟入学。另一方面，撤淫祠（中国古代不在官方祀典规定中的祠庙），倡导社学，以正风化。

嘉靖十年（1531）冬，因母亲身患重病，黄佐离开广西，回家探母。在老家待了九年后，黄佐再次得到重用，先后被提拔为南京国子监祭酒、少詹事。当时已是明代中晚期，朝廷腐败，奸臣当道，黄佐因上书请行新政，跟当时的内阁首辅夏言意见不合，遭到排挤。于是辞官返乡，潜心研习孔孟之道；改景泰寺为泰泉书院，聚徒讲学，人称泰泉先生。

黄佐一生主要从事教育及著述活动，清代张恒《明儒林录》称他"通籍三十年，在朝仅数载"。他在学术上的贡献是多方面的，不但影响了明正德以后岭南学术的发展，而且在明代以程朱理学为主导的思想潮流中，能自辟蹊径，独树一帜，堪称岭南儒学的又一位集大成者。

在理气关系上，黄佐反对朱熹主张的"理先气后"说。黄佐认为，作为宇宙最高范畴的"理"与"气"，也和宇宙间的一切事物一样，是一个统一体，两者表现之形式虽有不同，但不能强分为二。他准确地指出，宇宙的本原是"气"，是物质性的"气"，此"气"的发展、变化而表现为宇宙运动自身的规律性，这便是

"理"。"理"并非主宰宇宙万物的意志，而是宇宙万物自身发展、变化所表现而又必遵循的规律。"气"是"理"的物质形式，"理"是"气"的最高概括。

在知、行关系上，黄佐反对心学末流不尚读书、一味枯坐冥想的空疏学风，认为应当知行统一。他明确指出，无论是朱熹的"先知后行"之说，或是王阳明的"知行并进"之论，都是不能贯彻到底的理论，实质上是以"知"代替"行"。"知"和"行"是一个完整的统一体，互相依存，不可分割；但又具有自身相对的独立性，表现为对事物认识、个人修养的不同层次和不同阶段。"知"是"行"的基础，"行"是"知"的表现，两者以不同的形式而存在。这些辩证的观点，已经隐约地透露出宇宙万物的统一性和相对独立性的消息。

黄佐才华横溢，《四库全书总目》称其"明习掌故，博综今古。生平著述至二百六十余卷。在明人之中，学问最有根柢。文章衔华佩实，足以雄视一时"。他精通典礼、乐律和词章，曾参与编修《永乐大典》，平生撰述多达三十九种，尤以地方文献方面贡献卓著。纂修的志书包括《广东通志》《广州府志》《广州人物传》及《香山县志》《罗浮山志》等。另著有《乐典》《泰泉乡礼》《论学书》《论说》《东廓语录》《翰林记》《小学古训》《泰泉集》等。

特别需要指出的是，目前留存下来的年代最早的一部《广西通志》刊于明嘉靖十年（1531），史料价值极为珍贵，现藏于国家图书馆。黄佐对这部志书的完成起到了关键作用。嘉靖九年

（1530），黄佐任广西提学佥事期间，受命纂修《广西通志》。他确定了通志的编纂框架和编写体例，采用图、表、志、列传、外志等五种编纂形式，联络蒋冕、徐淮等广西本地名儒参与志书编纂。半年多后，初稿完成，经梧州府同知舒柏等人校订后，于嘉靖十年成书，同年刊刻。该书共六十卷，分图经、表、志、列传、外志五大类，分别记载广西历史沿革、地理山川、田赋、物产、民族风土人情、土司制度、学校、兵防和历史人物等。其中，对明靖江王第一至第十世系资料及兵防等方面的记载颇为详细。因该书内容丰富，史料翔实，体例严谨，被后人公认为是历代所修《广西通志》中较好的一部，对研究广西地方民族历史颇具参考价值。黄佐在广西的著述，除了《广西通志》外，还有《广西平蛮录》《广西图经》等。

黄佐还是一位高产的诗人。现存近体诗共六百五十多首，他的诗歌风格雄伟奇丽，题材多样，境界雄阔，内涵深厚，有"粤中昌黎（韩愈）"之称，对明代的岭南诗人有很大的影响。清代学者朱彝尊评价说："盖岭南诗派，文裕（黄佐）实为领袖，不可泯也。"

嘉靖四十五年（1566），黄佐在家中病逝，享年七十七岁。谥文裕。

（康忠慧）

## 汤显祖：
## 涠洲珠池漾诗影　《牡丹亭》外有故事

明代著名的戏剧家汤显祖，与广西有点渊源，这个结缘点就是北海的涠洲岛和他作品《牡丹亭》里的男主人公。

汤显祖（1550~1616），字义仍，号海若、若士、清远道人，江西临川人。二十一岁中举，其后却四次落第，其中一次是他拒绝当朝首辅张居正的结纳而遭到的报复。第五次赴京应试，汤显祖终于中了进士，先后任南京太常寺博士、礼部主事。

四百多年前，汤显祖的那次涠洲岛之行，并非专程前往。万历十九年（1591），汤显祖向万历皇帝上《论辅臣科臣疏》，弹劾宰相申时行等，触怒了皇帝和被劾大臣，被贬为广东徐闻县典史（县令属官，掌收发公文）。

被贬徐闻，汤显祖为自己的行程做了一番安排：十月抵广州，十一月经香山（今广东中山市）、澳门、恩平，由阳江乘船过琼州海峡，到涠洲岛看珠池，再折回徐闻县赴任。

涠洲岛位于北海半岛东南。岛上夏无酷暑，冬无严寒，气候宜人。他登上涠洲岛，观看海上日出、日落的壮丽景观，并夜宿岛上，参观岛上的珍珠养殖，目睹合浦珠民的艰苦生活，大发感慨，写下一首五言排律《阳江避热入海至涠洲岛，夜看珠池作寄郭廉州》。诗云：

春县城犹热，高州海似凉。地倾雷转侧，天入斗微茫。
薄暮游空影，浮生出太荒。乌艚藏黑鬼，竹节向龙王。
日射涠洲郭，风斜别岛洋。交池悬宝藏，长夜发珠光。
闪闪星河白，盈盈烟雾黄。气如虹玉迴，影似烛银长。
为映吴梅福，回看汉孟尝。弄绡殊有泣，盘露滴君裳。

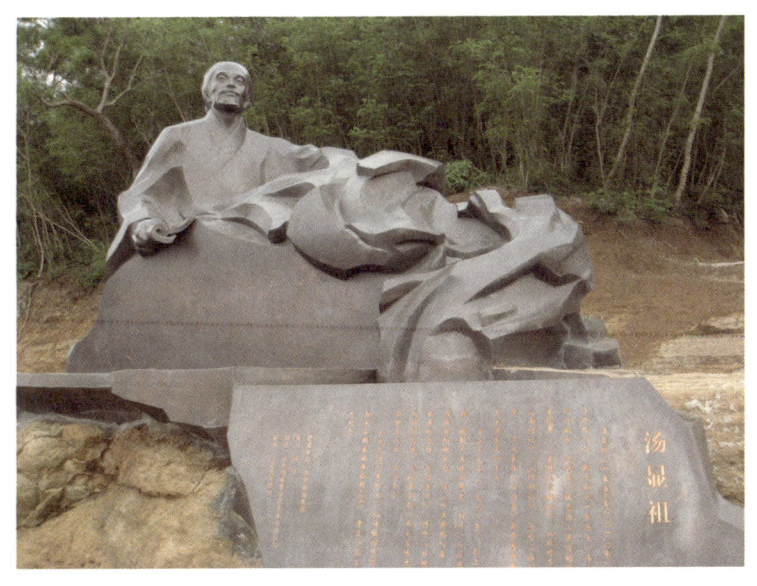

● 汤显祖塑像

珍珠在古时被视为奇珍异宝，汤显祖身为朝廷官员，却从中看到了劳动人民的辛酸，对善于搜刮的明神宗和其近臣们的劣行深恶痛绝。他用"为映吴梅福，回看汉孟尝"一句诗，曲折地讽刺了主管珠池的官吏，颂扬了汉时合浦太守孟尝和三国吴时南昌县尉梅福的德行。没想到他在岛上留下的足迹，四百年后的今天，已成为游客必去的景点。

更值得一提的是，没有他的岭南之行，就没有日后的《牡丹亭》。

《牡丹亭》糅合、改编了多个地方的民间故事，但蒋遵箴的故事一直作为主线，贯穿始终。

蒋遵箴，广西全州升乡歌陂村（今属庙头镇）人，隆庆二年（1568）进士。明代沈德符著的《万历野获编》提到，蒋遵箴任吏部文选司郎中一职时，"在京丧偶"，听说兵部侍郎郑雒的及笄之女十分美貌，便派人上门送礼、提亲，却遭到郑雒反对。原因是郑为北直隶（今河北）安肃县人，蒋遵箴是广西人，两地相隔几千里。听说此事的人无不骇叹蒋遵箴异想天开。

蒋遵箴深知求婚不得的关键。当时经略（明清两代有重要军事行动时特设经略，职位高于总督）职位空缺，郑雒心欲得之。他便与郑雒商议，郑把女儿嫁给他，他助郑当上经略。听蒋如此一说，郑便点头答应。不久后，蒋果然利用职权，助郑雒当上了经略。蒋郑虽成眷属，可惜恩爱不久，郑女病逝。蒋十分珍惜这段婚姻，据传，他将爱妻棺木权厝后花园梅林之中，终日以泪洗面，祀祭不断，盼郑女还魂。

明万历二十三年（1595），时任浙江遂昌知县的汤显祖赴京，并会见蒋遵箴。蒋家的故事，感染了汤显祖，特别是对蒋盼郑女还魂之事深受震撼。于是便有那追梦至死、为情还魂的杜丽娘与柳梦梅。因而《牡丹亭》又名《还魂记》。

《牡丹亭》剧中的情节与蒋遵箴的故事颇为相似：蒋遵箴多次求郑雒之女而不得，最后以功名相交换；柳梦梅带着杜丽娘的画像找老丈人杜宝，杜宝不认，反诬柳是盗墓贼并吊起来鞭打，后柳中状元，杜宝仍不认，直到皇帝让其"进阶一品"，这才相认。

《牡丹亭》的男主人公柳梦梅以蒋遵箴为原型，还可以从一些细节看出来。广西有个柳州，因此汤显祖改其姓氏为柳，籍贯则由广西换成岭南。《牡丹亭》中的不少人物和情节暗合时事，柳梦梅的"梦"有两个"木"，这也有它的来由。丁丑年内，汤显祖赶考落第，当年的状元是沈懋学；庚辰年间，汤氏二度落第，当年的状元是张懋修（张居正之子）。这两个及第之人的名字中间一个字，均带两个"木"字，因此汤显祖暗以"两木"讥之。

一曲游园，几度惊梦。《牡丹亭》这一出汤显祖的最杰出剧作，是封建社会没落时期对思想、文化专制的一次冲击。

"看中外瑶台，争搬演锄奸扬义，寻梦梅恨"，多年前，青春版昆曲《牡丹亭》先后在广西师范大学、广西民族大学等高校校园上演，轰动一时。若不是考证各种史书典籍，谁会想到被誉为"梨园千秋笔"的《牡丹亭》，与广西有如此渊源？此外，汤显祖还写过与广西有关的诗十四首，为广西的人文历史留下了宝贵的一笔。

（龚文颖　卿助南）

## 徐霞客：
## 志在四方走天下　八桂山水留游踪

徐霞客名弘祖，字振之，号霞客，江苏江阴人，明地理学家、旅行家和文学家。他一生鄙视科举，不入仕途，从二十岁开始从事地理考察研究，历时三十多年，以探险家的精神走遍了半个中国，撰成六十万字的《徐霞客游记》。这本书，开辟了地理学上系统观察自然、描述自然的新方向，不仅是描绘华夏风景资源的旅游巨著，还是文字优美的文学佳作，其内容广泛涉及地理、民俗、民族、政治、宗教、边防等，被认为是"自古至今未有之奇书"（奚又溥《序》），并被称为"古今游记之最"（钱谦益《徐霞客传》），在国内外具有深远的影响。

徐霞客出生于书香家庭。受耕读世家的文化熏陶，他幼年好学，博览群书，"特好奇书"，尤钟情于地经图志。少年时即立下了"问奇于名山大川"的旅行大志，且"志在蜀之峨嵋，粤之桂林及太华、恒岳诸山"，但一直未能实现。直到崇祯九年（1636）母亲辞世后，已逾知天命的徐霞客才赴广西、贵州、云南，对我国西南的岩溶地区进行了长达四年的考察。

崇祯十年（1637）闰四月初，徐霞客由湖南永州进入广西全州，蜿蜒跋涉了相当于今天的兴安、桂林、永福、柳州、柳城、融县、象州、武宣、桂平、陆川、玉林、北流、容县、贵港、横县、邕宁、南宁、隆安、天等、大新、崇左、扶绥、宾阳、上林、忻城、宜州、河池、南丹等三十余市县（区），行程三千多里。直至崇祯十一年三月底，离开南丹进入贵州，他这才结束了在广西的考察。这一过程历尽艰辛，用了整整一年时间。

徐霞客一生游历考察时间超过三十年，在广西的一年只能算三十分之一。然而就是在广西这一年的游历，成就了中国古代文学和地理学巨著——《徐霞客游记》中三分之一的篇幅。由此可见世界上最重要的岩溶区之一的广西，在这个大旅游家、地理学家心目中地位的重要。

徐霞客对仙境一般的桂林岩溶地貌兴趣尤为浓厚。他在桂林做过两次游走，先后游历了虞山、叠彩山、七星岩、隐山、雉岩、岩头山、象鼻山、辰山、尧山。《徐霞客游记》一共就二十卷，单游历考察桂林的记载就占了其中整整一卷。他于崇祯十年（1637年）闰四月初八"抵桂林"，到六月十一日"始舍桂入柳去，予遂与桂山别"，在桂林及阳朔等县考察了四十三天。这其中，他花了两天时间，"取图志以披桂林诸可游者"，阅读研究《桂故》《桂胜》《西事洱》《百粤风土记》等历代有关桂林的图书资料，探索桂林山水的奥秘，登山毕极顶，探洞毕究穷。徐霞客踏遍桂林的山山水水，还访问了许多庙宇、村庄，有关重要碑刻都拓取无遗。更难得的是对他七星岩整个山体的复杂洞穴系做了

两次考察，在《粤西游记》里用一万七千多字做了生动、翔实的记述，并对桂林岩溶地貌的成因做出"江流击山，山削成壁，流回沙转云根迸出"的科学概括。

徐霞客于崇祯十年（1637）六月十三日，乘舟由桂林永福方向到达雒容（今属柳州），在柳州考察时间共三十四天。先后游览陆道岩、柳侯祠、立鱼峰、老君洞、老子山、香山、刘公岩、马鞍山钓台、蟠龙山诸景，考察名胜古迹、险壑陡崖、幽岩暗洞和风土民情的情况。他精确地向世人介绍了柳州的岩溶地貌、奇峰秀水等诸多自然景观，如鱼峰山"乃知是山透腹环转，中空外达，八面玲珑，即桂林诸洞所不多见者"。

徐霞客认为："粤西之山，有纯石者，有间石者，各自分行独挺，不相混杂……粤山惟石，故多穿穴之流，而水悉澄清。"通过细致的观察分析，他对岩洞、石钟乳、伏流、落水洞、漏斗洼地等的成因都做了科学的解释，已经明确地认识到形成石灰岩奇异地貌的重要原因。他指出，岩洞是由于流水的侵蚀造成的，石钟乳则是由于石灰岩溶于水，从石灰岩中滴下的水蒸发后，石灰岩凝聚而成钟乳石，呈现出各种奇妙的形状。这些见解，大部分符合现代科学的原理。

徐霞客用心探索自然地理现象的成因，系统研究地表岩溶、洞穴，成为中国古代和世界上最早的伟大的岩溶与洞穴学家。

（潘茨宣）

## 瞿式耜（附张同敞）：
## 但将一死酬今古　剩有丹心照汗青

桂林叠彩山上，有一座历史悠久的祠堂，名为"仰止堂"。从名字就可以看出，这座祠堂所纪念的必是高风亮节、德行兼备的人物，这才当得起"高山仰止"的称谓。

明朝末年，清军大举入关。中原无数英豪虽明知大势已去，仍拼死不降外族，英勇悲壮，可歌可泣。在诸多抗清名将当中，有一对文才武功兼备、忠肝义胆无双的师生——瞿式耜与张同敞，二人携手抵抗清军，坚拒叛臣诱降，最终在桂林从容赴死。这座"仰止堂"就是为了纪念瞿式耜与张同敞而建，为世人留下了一段浩气长存、彪炳千秋的事迹。

瞿式耜，生于明万历十八年（1590），字起田，号伯略，别号稼轩。江苏常熟人。十九岁参加院试即高中头名，二十七岁考中丙辰科进士，历任江西永丰知县、户部给事中等职。后因上书弹劾奸党，被构陷入狱。

崇祯十七年（1644），清顺治帝进入北京。崇祯帝煤山自缢，明福王朱由崧在南京建立弘光政权，史称南明。瞿式耜擢右佥都

御史,巡抚广西,次年闰六月来到梧州。此时南京已破,弘光政权灭亡。瞿式耜又拥护在福州即位的唐王朱聿键及其隆武政权,隆武帝任命瞿式耜为兵部右侍郎。他在梧州一方面督促生产,劝告人民安心耕种;一方面整顿军事,招募士兵,认真训练,修筑城堡,加强防守。

清顺治三年(1646)八月,清兵攻克汀州,隆武帝被俘。桂王朱由榔在肇庆称帝,次年改元"永历",任瞿式耜为吏部右侍郎、东阁大学士。为了延续大明余脉,瞿式耜护送永历帝至桂林。他认为桂林为楚粤交界要地,又有兴安严关之险,东可控粤,北有何腾蛟驻守,可据此休养生息,以图重整河山。不久,永历帝撤退到全州,瞿式耜仍决意死守桂林,与清军做最后一搏。他积极整顿朝政,多方筹措军饷,扩充军备,并召集各方势力,三次大败清军,力保桂林不失。

然而明朝大势已去,尽管瞿式耜等人犹做困兽之斗,但已无法阻挡清军的虎狼之师。顺治七年(1650)十一月,全州再度陷落,清兵直逼桂林。瞿式耜眼看诸将不战先遁,捶胸顿足道:"朝廷给你们高爵,百姓用膏血养你们,你们现在就这样散场了?"部将戚良勋备马请瞿式耜出城暂避,并劝说道:"大人身系国家安危,当下突围出城,日后还可招集兵马,再图大业。"瞿式耜怒目圆睁大声呵斥道:"你们要走就自己走,我今天就算逃了,不过多活几天。自古至今,谁能不死?但要死得明白,才有脸面见祖宗于地下。"

部下听闻此言羞愧不已,只得垂泪策马而去。而瞿式耜穿着一身明朝官服，端坐在官署中，静候清兵入城。然而，让瞿式耜意想不到的是，他并不是唯一一个慷慨赴死的人。正当他准备从容就义之时，陪他一起赴难的人来了。这个人就是他的学生张同敞。

张同敞，字别山，湖广江陵（今湖北省荆州市）人，万历朝首辅大学士张居正的曾孙。桂王朱由榔立永历朝，因张同敞文才过人，"诗文千言，援笔立就"，授其翰林院侍读学士，后经瞿式耜举荐，又任命他为兵部侍郎，总督各路军务。清军破城之时，张同敞带兵驻扎在桂林城外的小榕江。当南明军队奔窜逃命之际，张同敞对友人钱秉镫说："事情发展到了这个地步，我只有以一死来报国。"听说桂林兵将星散，只有瞿式耜仍留在城内，张同敞就从漓江东岸泗水入城，要和瞿式耜一道殉国。

● 清朝广西巡抚梁章钜所书瞿张二公成仁处石碑

瞿式耜对张同敞说："我誓与此城共存亡，今日是死得其所！你并非留守，还不快走？"张同敞正色答道："要死就一块死。古人耻于独为君子，先生怎么不肯让我与您共生死呢？"瞿式耜听了，哈哈大笑，取酒与张同敞共饮，谈笑自若。天亮后，清兵冲进衙门，将二人擒获。狱中两人日夜赋诗唱和，共得诗百余首。后人将这些诗作编撰成集，取名为《浩气吟》。

这次攻陷桂林的清定南王孔有德，本是明朝降将。他再三劝说瞿式耜认清形势，归顺清廷。瞿式耜说："我是桂林留守，城既陷了，唯求速死！"孔有德见无法劝服他，便下令将两人囚禁在叠彩山风洞。

被囚期间，孔有德不断派人劝降二人，瞿式耜坚拒不从，张同敞则一见劝降者就破口大骂，被扭断手臂、刺伤双眼，还被人用木头把嘴塞了起来。

顺治七年（1650）闰十一月十六日这天的早晨，忽然有清兵开门，声称："请瞿阁部、张大人议事。"二人明白清军将下毒手，于是瞿式耜神色不惊地提笔写下绝命诗："从容待死与城亡，千古忠臣自主张。三百年来恩泽久，头丝犹带满天香。"又题赠张同敞诗："断臂伤睛木塞唇，犹存双膝旧乾坤。但将一死酬今古，剩有丹心照汗青。"题毕，将诗稿放在矮桌上，与张同敞整衣冠南向行三拜九叩大礼，然后二人携手从容步出狱门。

瞿式耜殉国后，永历朝廷追谥"文忠"。桂林百姓敬仰瞿式耜、张同敞二人忠勇壮烈，建立"双忠祠"，岁时祭祀。

对于忠臣良将，即便是敌人也发自内心地敬重。乾隆四十一年（1776），乾隆帝下令编纂《贰臣传》，将凡是投靠清朝的原明朝官员均列入其中，就连开国重臣范文程也一并入选，却对为明室尽忠者大肆褒扬。瞿式耜原被永历朝追谥"文忠"，这时又被乾隆帝追谥"忠宣"。道光二十年（1840），广西巡抚梁章钜又为瞿式耜、张同敞树立一块近两米高的巨大石碑，上题"常熟瞿忠宣、江陵张忠烈二公成仁处"，取名"成仁碑"。自此，瞿式耜、张同敞的事迹，在中华大地上久远流传。

（孙鹏远）

## 朱由榔：
## 永历偏安似飘萍　南明政权尽余晖

明崇祯十七年（1644）三月十九日，李自成率领农民军攻入北京城，崇祯皇帝在煤山上吊自杀。在南方的明朝旧臣打着"反清复明"的旗号，史称"南明"，但反清斗争先后失败。自称监国的靖江王朱亨嘉也因血脉太疏远、有僭越之嫌，不仅监国未果，反惹来杀身之祸。南方抗清力量重又陷入群龙无首的境地。在此背景下，远道逃到广西避难的桂王，成了南明朝廷皇帝的最佳人选。瞿式耜等人拥戴第二代桂王朱由榔称帝，年号永历。

朱由榔父朱常瀛是万历皇帝第七子，天启七年（1627）就藩衡州（今湖南衡阳），是为桂王。朱由榔是朱常瀛的第四子，随父来到衡州就藩，崇祯十五年（1642）被封为永明王。次年八月，张献忠率领的大西军进军湖南，衡州失陷，桂王全家南下广西避难。走到永州，朱由榔与父亲失散了，他逃到道州，被大西军所俘。幸得投降大西军的明朝官吏暗中保护，朱由榔才得以逃出，来到梧州与父亲相聚。清顺治二年（1645），福王在南京被逮杀后，朱常瀛的长子和次子、三子先后病死，朱由榔因此袭位桂王。

次年八月，隆武政权溃败，唐王被杀。十一月十八日，朱由榔称帝，定年号为永历，史称"永历皇帝"。

当大臣丁魁楚、瞿式耜等上表拥戴朱由榔称帝时，桂王太妃王氏坚决反对，说："吾儿仁柔，非拨乱才，愿更择可者。"朱由榔确实"仁柔"，面对势如破竹的南下清军，他拿不出任何主见，只是明朝残余势力的一面旗帜而已。称帝当年年底，清军进攻广东，他吓得赶忙出走，经梧州、平乐一路狂逃，于永历元年（1647）二月到达桂林。稍后平乐失守，永历帝不听瞿式耜等人的劝阻，又向北经全州逃到湖南武冈，依附总兵刘承胤，改武冈为奉天府。刘承胤的本意是"挟天子以令诸侯"。当年八月，清廷以降将孔有德为平南大将军，率军南下进兵长沙，南明督师何腾蛟闻风而逃；刘承胤表面上"护驾"，私下却剃发潜往清营议降，表示愿献上永历帝。事经察觉，永历帝及其侍从、宫眷匆匆经靖州逃到柳州，途中备尝艰辛，最终于十二月抵达桂林。由于事发突然，以至连象征帝王威严的仪仗和乘舆都来不及带。

驻跸桂林不到三个月，就发生了郝摇旗大掠桂林城的事变，永历帝又仓皇出逃，经象州抵达南宁。这是永历帝第一次驻跸南宁，时间不长，但"作为"倒是不少，不仅任命了文武百官，接受了安南等国使臣的朝贡，还在南宁首次"开选"，所选秀女全部充实后宫。时至今日，南宁市武鸣区还有一个皇后村，有美女坡、美女墓和关于明末皇后覃亿菊的传说。

这年春夏，已降清的金声桓、李成栋先后在江西、广东反正，两广和江西基本上归附永历政权。永历帝于八月回到肇庆，

直到两年后（1650）的年底孔有德率清军攻下桂林，瞿式耜、张同敞殉难后，已成惊弓之鸟的永历帝才再次逃回南宁。永历五年（1651）年底，李成栋败亡，清军攻下广东，挥军西进，横州、宾州相继失守，永历皇帝再次踏上逃亡之路，在左右江流域东奔西突，经过镇安（今广西德保县）、归顺（今广西靖西市）等桂西土司统治地区，于次年二月被张献忠余部孙可望迎至贵州安隆。

为了与永历行宫的地位相匹配，安隆所被改为安龙府（今贵州安龙县）。永历皇帝在安龙府待的四年时间，张献忠余部李定国取得了桂林大捷，孔有德兵败自焚身亡；衡州一役，清军统帅、敬谨王尼堪被农民军斩杀；郑成功则收复了漳州等福建沿海地区，兵锋直指江南地区。但安龙府里并非真的平安无事。孙可望与永历帝貌合神离，早在永历帝驻跸南宁期间，孙可望就因永历帝拒不封其为秦王而大动肝火，最后以孙可望杀掉阻止此事的大学士严起恒、"矫诏封王"告一段落。

永历帝被孙可望迎到安龙府后，不仅旧怨未了，反而又添新仇。起因是永历帝对李定国的倚重。在张献忠余部与永历政权合作抗清初期，按计划，孙可望负责驻守云贵、四川地区，李定国则率军进攻广西、湖南。李定国在广西、湖南的军事行动相当顺利，先后收复岭南大部分地区，成为永历朝廷上下依靠的主要力量。

永历帝对李定国的宠信引起了孙可望的嫉妒，孙不仅将永历帝的臣属诛杀殆尽，甚至打算"劫驾出降"。永历帝派人向李定国求救，孙、李二人的矛盾迅速激化。永历十年（1656）年初，李定国率军将永历帝迎至云南，改昆明为滇京。次年，孙可望进攻云南被李定国打败，公开投降清军，永历帝下诏削去孙可望的爵号。永历十二年二月，清军兵分三路进攻云南，李定国独力难支，节节败退。十二月，永历帝眼看大势已去，不得已退入缅甸。

　　缅甸原是明朝的藩属国，见永历帝远道而来，也还是"奉表具迎如仪"，但有一个条件，"从官勿佩戎器"。走投无路的永历帝只好无奈地答应。永历帝初到缅甸时，虽然身边兵士不多，但由于外围仍有李定国的数万大军抵抗清兵，缅甸君臣对待永历帝还怀有善意。第二年，李定国的军队节节败退，军士死伤大半。恰在此时，缅甸发生宫廷政变，新上台的国王莽白向吴三桂示好，表示愿意献出永历帝。永历十五年十二月，国王将永历帝及太子等人献出。吴三桂将永历帝父子押回昆明，关在金蝉寺里。次年（1662）四月，吴三桂用弓弦将永历帝绞杀，坚持十六年的永历政权宣告灭亡。

（范玉春）

洪秀全

清 二

## 于成龙：
## 不以温饱为志向　一代廉吏试锋芒

蒲松龄写《聊斋志异》，五百多个故事，大多以鬼魅、动物、植物为主角，也有两篇以官吏为主角的，其中一篇《于中丞》，写的是于成龙断案智慧过人、神鬼莫测的事。

于成龙（1617~1684），字北溟，山西永宁州（今山西省方山县）人。他三十八岁走上仕途，第一站便是广西罗城。

于成龙何以人到中年才出仕呢？这与他生活的时代背景有关。于成龙为明崇祯副榜贡生，不久即改朝换代，断了功名之途。至清顺治十二年（1655），大清江山初定，急需大批行政人才，朝廷决定从前朝科举士子中选用官吏，于成龙于是获派任广西罗城知县。他变卖家产，打点行囊，告别老母妻儿，带着几个乡中子弟，前往数千里之外的南方赴任。

那时的罗城，刚入大清治下两年，盗匪猖獗，四乡糜沸，两任知县一死一逃。临行时，亲朋好友纷纷劝他不要去冒这个险。于成龙少有大志，饱读诗书，儒家的"修身齐家治国平天下"的抱负早已深入骨髓。于是回告亲友："此行绝不以温饱为志，誓勿昧无理良心。"于成龙来到罗城时，情况比传说中的还要糟。《罗城县志》记述，盗匪横行和战乱，导致"杀掳男妇以万计，城市残破，田地荒芜，百姓倚岩谷避难"。城内只有居民六家，三间破茅房便是县衙。他"插棘为门，累土为几"，升堂理事。

当地土豪盗匪百般骚扰，动辄挑衅；罗城山高林密，湿气深重；族群恶斗，民不聊生。同来的数名仆从不堪其苦，或死或逃，情况极为严峻。于成龙咬紧牙关，抱着为民而死强于感瘴疠而死的信念，恪尽职守，不敢一日懈怠。

于成龙在罗城一干就是七年。他治理的轨迹大致是：

第一步，安民缉盗。首先在全县建立保甲制度，让乡民练兵自卫，大张旗鼓缉拿盗贼，讨伐为患不已的"柳城西乡贼"，取得初步胜利。西乡"渠魁俯首乞恩讲和，抢掳男女牛只尽行退还"。在此基础上又搞起全县联防，致使邻盗不敢犯境。罗城人民终于结束了多年仓皇四散的离乱生活。

第二步，恢复生产。消除社会祸患之后，于成龙张贴安民告示，召回失散农民，公布优惠政策，吸引四方流民前来耕作定居。他经常深入田间地头，访问农事，奖励勤劳的，劝诫懒惰的。每有农家迁入新居，他均亲自为其书写对联，以资鼓励。农闲时，他又带领百姓建民宅，修水利，办学校，筑城墙。罗城四境一时稼穑繁茂，人口增加，鸡鸣犬吠，气象日新。

第三步，剪除豪强。于成龙采用刚柔并济的策略，软硬兼施，使得不可一世的地方豪强收敛势头，凡事"皆奉法唯谨"。

第四步，减负清杂。在他任上，废除了若干项苛捐杂税，制

止了乱摊派、乱收费现象，大大减轻了农民负担，有利于农民休养生息。

第五步，和睦各族。罗城的汉、壮、瑶、苗、侗等世居民族由于以往统治者的挑唆及相互间的误会，形成积怨，仇杀互攻，械斗频繁。于成龙深入村寨，苦口婆心，化解矛盾，遂使各族民众消弭干戈。他又兴办学堂，推行教化，并鼓励瑶、壮子弟入学。一个混乱不堪的罗城，终于改变旧貌，百姓脸上露出了难见的笑容。

于成龙的政绩，口道碑载，在监考乡试时得到布政使金光祖（后任广西巡抚、两广总督）的注意，将他的事迹申报朝廷。经吏部考核，将他举为"卓异"。所谓卓异，为卓越，不同于众之意。清朝把它视为一种国家级的荣誉，类似于今天的全国标兵。《清会典·吏部》："卓异者，必按其事而书于册。"于成龙为官二十余年，三次获此殊荣。

由于成龙在罗城干得出色，朝廷又有更艰巨的重任要他去完成。康熙六年（1667），于成龙升任四川合州知州。离任之时，罗城百姓遮道呼号："公今去，我侪无天矣！"于成龙廉洁奉公，连去合州赴任的盘缠都没有。罗城地方凑了川资，派人暗中一路接济、护送，情景让人感动。

此后，于成龙历任湖北黄州同知、福建布政使、直隶巡抚、两江总督。他的清廉艰苦，几达常人不能理解的地步。逢灾荒年岁，他以糠代粮，将口粮、薪俸节省下来救济饥民。百姓曾有歌谣："要得清廉分数足，唯学于公食糠粥。"他甚至把仅剩的一头代步的骡子,也"鬻之市,得十余两,施一日而尽"。当地富户在他的带动下,也纷纷解囊救民。于成龙赴福建上任时,除行囊一捆外,还带萝卜数十斤以供沿途食用。平日饮茶,皆命仆从摘屋后槐叶代用,久之,"树为之秃"。他一年四季不见肉味,遂得一雅号"于青菜"。公生明,廉生威,闻于公将至,"官吏望风改操"。康熙二十三年(1684),于成龙病逝于南京督署中,享年

● 于成龙塑像

六十八岁。官员亲友去他家吊唁，只见家中"冷落莱羹……故衣破靴，外无长物"，众人无不相顾痛哭，就连"平时心惮成龙者，俱感动流涕"。消息传出，南京"士民男女无少长，皆巷哭罢市。持香楮至者日数万人。下至菜庸负贩，色目、番僧也伏地哭"。康熙帝称他为"廉吏天下第一"，并破例亲自为其撰写碑文。

2001年3月，山西省文水县发现一部出版于清末民初的《于成龙判牍菁华》。这部书辑录了于成龙在任广西罗城知县期间审理案件的批示及判词，全书共有三十三个案例，其判词条理清晰，正气凛然。由此亦可窥见一代廉吏之一斑。

（彭匈）

## 汪森：
## "粤西三载"碧巢孕　千淘万漉鸿篇诞

谈及史料中记载的广西印象，一定离不开《粤西诗载》《粤西文载》《粤西丛载》这三部大型文献典籍，后人统称为"粤西三载"（又称"粤西通载"）。康熙年间旅桂官员汪森前后花费十余年时间，将与广西有关的政治、军事、文化、经济、民族、风土人情、山川草木等诸方面的文章，汇总辑录成"粤西三载"，为广西保存了丰富的乡邦文化遗产。

汪森（1653~1723），清初著名的文学家，浙江词派主要词人之一。汪氏三兄弟都是当时较著名的学者，同时因藏书而名盛，世称"汪氏三子"。他们读书藏书，不遗余力，多方收罗、勘校典籍，并"筑楼以贮之"。老大文桂建有裘杼楼，老二汪森有碧巢书屋，老三文柏有古香楼和澡之堂，三兄弟收藏珍本秘籍数万卷。他们以文会友，还与黄宗羲等文人名士结下深厚的友谊。

汪森一生著作等身。除了"粤西三载"，他与诗人、学者、藏书家朱彝尊共同编辑的《词综》，选录了唐朝至元代的词作，是一部久享盛誉的重要词选。他本身还有《小方壶存稿》《旅行

日记》等多部著作。

汪森主要在文学上有贡献,史籍对他政绩的记载不多。史载,汪森为官多惠政。康熙三十二年(1693),四十岁的汪森出任桂林府通判,负责管理军粮。看到粮仓大多歪斜不整,他即捐资修葺,并制订出纳条规,使粮政井然有序。上司知其卓有才干,令他兼理临桂、永福、阳朔三县政。

初到桂林,汪森不但为漓江的奇山秀水所倾倒,也被当地的风土人情、古迹名胜所吸引。通判职任较轻,往往比较清闲。每逢公余,他便寻访古迹碑碣,搜求府县志书及文献古籍,只要看到跟粤西有关的诗文,便抄摘归纳。他还翻阅自己携带的藏书,凡属有关广西的诗词,都抄录下来,但所得还是不多。汪森深感粤西文献资料奇缺,决心全面整理广西文献。康熙三十九年(1700)秋,他调任太平府(治今崇左)通判,道经平乐、苍梧、浔州(治今桂平)、南宁前往就职,舟行两千里,他一路搜购图书。然而,在偏僻的边境,搜集粤西诗文更为不易。

康熙四十一年,汪森因母逝卸任回乡。在广西十年,限于史籍的缺乏,编撰未能完成。回乡后,汪森杜门谢客,潜心搜集、整理历代有关广西的诗文。他翻阅家藏的先人遗籍,后又得到江苏常熟毛氏"汲古阁"所藏各省志书,粤西之志大体齐备。当时寓居苏州的老友朱彝尊,也多次邮寄所集有关广西的诗词及藏书给他。

汪森在《粤西文载》序中提到,自己前后"搜阅历代史及诸家文集并类书小说,不下二千余种",夜以继日地进行校勘汇编,只要文中提到广西的只言片语，他就采纳收录；若标题与粤西沾边，但文中内容"绝不与粤西有关者，则概去之"。如此不畏艰难，汪森终在康熙四十二年至四十四年间（1703~1705）编录成一百六十多万字的"粤西三载"。

《粤西诗载》收录了上至秦汉、下至明末有关广西的诗歌，共计二十五卷，约三十万字；《粤西文载》是一部从秦汉到明末有关广西的文章总集，涉及各个方面，保存了多种古代的文章体式，计七十五卷，约一百万字；《粤西丛载》辑录广西山川地理、物产、民族风情、遗闻杂事等，共三十卷，三十多万字。

汪森收录、编辑的"粤西三载"中，有不少反映广西民俗的珍贵史料，其中就有展现壮族古代耕作方式的"象耕"。古代壮族地区多产象，人们驯之帮助运输、耕田、作战或举行象舞，明代广西还设有捕象、驯象的"象卫"。《粤西诗载》中收录的诗作有不少提到"象耕"。例如，唐代柳宗元在《岭南郊行》中曾有"山腹雨晴添象迹"的诗句，宋代诗人王禹偁在诗句中也提到"民种山田见象耕"。到了明朝，诗人使用"象耕""训象"等辞藻更为普遍，如明嘉靖年间沈明臣就有《送王十二之训象》的诗篇。

《粤西诗载》中还有不少对广西少数民族衣食住行、自然山水的记录。如宋代诗人陈藻有"大布红裙瑶女著，半规白扇野人持"；明代诗人桑悦有"牵裳跳跃舞婆娑，罗汉吹笙女仔歌"等描写惟妙惟肖的诗句。书中还收有宋代诗人邹浩咏阳朔漓江边上九马画山景观的诗："扫成屏障几千春，洗雨吹风转更明。应是天公醉时笔，重重粉墨尚纵横。"

难能可贵的是,《粤西文载》中收集了从先秦至明末与广西有关的历史人物小传一千七百多篇。许多人的故事都是正史中查不到的。该书还收录了三十三大类名目繁多的文章体式,有庄严神圣的诏敕檄表,有畅论军国大事的议论考辨,有状物抒情的赋记书序,有诔颂死者的墓志碑铭,还有祝祷神祇的"清词"和民俗应用的"上梁文"等,体式不同,功用各异,使人们可从中了解往日广西多民族杂居、五彩斑斓的社会和丰富多彩的文化活动。

"粤西三载"被收入《四库全书》,并得到很高的评价——总纂官纪昀说它"搜采殊见广备","所录碑版题咏之作,多志乘所未备",这是汪森当初编书时未曾料到的。

(郭燕群)

## 李绂：
## 广西巡抚脑壳硬　雍正皇帝屡刁难

他曾两次在北京被押赴菜市口陪斩，刀架在脖子上，刑审官问他："至此知田文镜好否？"他从容答道："臣虽死，而不知田文镜好处。"在待决期间，他在监狱中照常能吃能睡，并抓紧时间看书。他的狱友、甘肃巡抚胡期恒赞道："真铁汉子也。"这个铁汉子就是广西原巡抚李绂。

李绂（1673~1750），江西临川人，字巨来，号穆堂，雍正二年（1724）四月，任广西巡抚。他一到任便轻车简从，深入民间摸清以前的积弊所在，先后修建书院，训课诸生，开启文明。梧州城东旧有回澜书院，重修后请李绂题额。李绂认为江南读书人研究儒经，是从汉代梧州人陈元研究《左氏春秋》开始的，便更名为"传经书院"。

当时，贺县大金、蕉木两山产金矿，相距五十里外的广东梅峒汛、宿塘寨也产矿，并且有众多矿工。李绂想禁止贺县方面的开采，但听说两广总督孔毓珣却想请求开采，只因开矿对地方利益和治安影响很大，他担心将来闹出大事情，便上疏皇帝，陈述

己见。这时，总督的奏章也到朝廷。雍正皇帝权衡利害，采纳了李绂的意见。

李绂又上疏陈说广西练兵事宜，请求增加武备；又请调整建制，招安少数民族叛民，缓和社会矛盾，恢复民生等，都受到雍正皇帝的嘉许。两年后，李绂被提拔为直隶总督。不想这个"美差"被河南巡抚田文镜插了一杠，便改变了他的命运。

田文镜被雍正称为"天下第一巡抚"，因他不是科举出身，心里便有些瞧不起科甲人员，下属稍有忤意，遣谪立至。李绂自广西赴任路过河南，便当面责备田文镜不该有意蹂躏读书人，弄得两人不欢而散。李绂到京后上疏雍正皇帝，说田文镜负国殃民。这时，御史谢济世也弹劾田文镜十大罪状。谢是广西全州人，雍正皇帝认为两人定有勾结，结果，把这位已到任的直隶总督改为工部右侍郎，谢济世充军。

俗话说"墙倒众人推"。雍正五年（1727）二月，代理广西巡抚韩良辅向雍正皇帝奏疏，说天河县（治今罗城天河镇）牢中所关押的莫东旺，原是李绂批令结案的罪犯，但李绂拖了一年尚未发落，以致被"蛮壮集众破狱"劫了去。按理说来，罪犯在新任手中逃脱，责在新任，不想韩却反说前任措施不善。李绂向皇帝汇报说："此案臣已审理结案即去直隶赴任，何以久拖一年臣实不知。"雍正大怒道："旧官之政必以告新官。"便要他重回广西，不带一吏一卒，单身捕捉莫东旺归案。满朝文武都为李绂担心。

李绂只好只身出发，行至中途，莫东旺却主动归了案。原来莫东旺得知李绂因他受牵连，心中愧疚，毅然自首。

雍正其实早对李绂有所了解。雍正二年（1724），李绂做广西巡抚时，上奏朝廷允许广西垦荒，并请将广西积谷——实际为空头数，酌借给贫民作为买牛、农具之资。不想雍正皇帝早就看出李绂不想理前任巡抚陈元龙的旧账。原来，陈元龙上奏朝廷开广西捐纳事例，也就是允许用谷子来买官，共收得捐谷一百一十七万担，每担折银一两一，共收银一百二十九万两。而发给各州县买谷四十七万两，余下的八十二万两，便为各级官吏贪污了。因所发谷价过低，户部又要求必须以谷子入仓，各州县无奈，只好将库银挪用补上。雍正皇帝下令已任礼部尚书的陈元龙回广西清理旧账。后查明陈元龙分得赃款十一万多两。

又有人揭发李绂收受直隶守道桑成鼎白银五千两和巡抚李维钧银一千二百两。原来，李绂代理吏部侍郎期间，年羹尧之子年富想用捐资来买官，李绂没有买账，故为年羹尧所恨。李绂受皇帝之命截留、沽卖漕粮得余银五千两，来广西之前已交桑成鼎入库。李绂来广西后，桑受年羹尧指使，又把银子"送"到广西，企图陷害他贪污。李绂素来洁身自爱，认为此款与广西无关，当归直隶，便给直隶巡抚李维钧写信，请他会奏朝廷。但李维钧也受年羹尧指使，并未会奏。雍正三年（1725），李绂据实奏明，雍正已知是年羹尧设计陷害，对李绂说："你若根基不牢，则已坠其术中。"因皇帝早知内情，故也未责难。

不久，雍正又翻出旧案，说都察院曾经奏称：广西那地（今属南丹）原任土司罗文刚纠众作恶，旁掠村落，又胆敢抗拒官兵，李绂没有逮捕他，没有尽到封疆大臣的责任，令李绂与原广西按

察使甘汝来，一定要将罗文刚迅行擒拿。这显然是有意为难。不料李绂却捉到了罗文刚。于是，雍正就要李绂回京接受审问。

一班朝廷小人估计雍正已深恶李绂，便给他罗织了二十一大罪状，结果李绂被判斩决，财产入官。正直大臣都为李绂身家性命担忧，而李绂却处之泰然。但雍正并未杀李绂，只是不喜欢李绂倔强的性格，故刚柔相济，想给李绂来个下马威。后以"李绂既知悔过，情词恳切，且其学问尚优，令免死，纂修《八旗通志》效力"。

雍正七年（1729），顺承郡王锡保奏称谢济世在阿尔泰供认，他弹劾田文镜是受李绂指使。于是李绂再次被审讯，并投入监牢。

李绂治桂期间，曾主修《广西通志》二百卷，纠正前志谬误数百条，且增加了许多新内容。但刚刚脱稿，他就调任直隶总督。第二年，广西当政给李绂写信说书已成。但此时李绂因弹劾田文镜得罪皇帝，于是因人废言，他所主修的《广西通志》也就书焚版毁。

但雍正再次宽免了他。到了乾隆即位，李绂复官。乾隆八年（1743），李绂要求病退，乾隆问他有何陈说，他以"慎终如始"入对。

（蒋钦挥）

## 赵翼：
## 江山代有才人出　各领风骚数百年

能让人广为传诵的清诗不多，而赵翼的这首却不胫而走："李杜诗篇众口传，至今已觉不新鲜。"

赵翼（1727~1814），字云崧，一字耘崧，号瓯北。清代阳湖（今江苏常州市武进区）人，乾隆二十六年（1761）进士，授编修。清代著名诗人、史学家，与王士禛、蒋士铨齐名，人称乾隆诗坛上的"三大家"。赵翼著述甚丰，有诗集五十三卷及《瓯北诗话》《廿二史札记》等传世。赵翼的诗话立论允当，提倡创新。我们从他的论诗绝句中可以窥见一斑："满眼生机转化钧，天工人巧日争新。预支五百年新意，到了千年又觉陈。""只眼须凭自主张，纷纷艺苑漫雌黄。矮人看戏何曾见，都是随人说短长。"赵翼的诗歌主张，给清代诗坛带来了一股清新的气象。

乾隆三十二年（1767），赵翼出任镇安府（治今广西德保县）知府。中原之人，一直有个偏见，认为五岭以南，即为烟瘴之地。"三个蚊虫一碟菜，五个老鼠一麻袋"，人说鸟语，文身披发，猛兽集结，毒蛇盈野，总之可怕极了，更何况德保地处偏僻，山遥

路远。毕竟赵翼属远见卓识之士，不为传言所动，接旨之日，轻装简从，即赴镇安任所。

一踏上镇安土地，赵翼便欣然笑慰。传说中的可怕景象并没有见到，随处可见的倒是炊烟袅袅、鸡鸣犬吠，"只拟此中非世界，谁知鸡犬亦相闻"。南方边陲的山光水色，比之一览无余的北地原野，更是另有一番韵致。诗人一激动，吟出了赞许的心声："我行万里半天下，至此奇观得未曾。"经过一段时间的深入民间，赵翼更是感叹良多。此地"民最淳，讼狱稀简"。官司少，民各安其业，知府大人便有更多的时间到各处走走看看。边民古风犹存，各民族和睦相处，使这位朝廷命官大为感动。他把所见所闻辑录为一篇《檐曝杂记》，其中写道："此中民风，比江、浙诸省，直有三四千年之别。"读罢这段文字，让人不能不想到陶渊明的《桃花源记》。更可贵的是，"余甚乐之，愿终身不迁，然安得有此福也"。诗人想留下来，"不辞长做岭南人"了。

人的心态不同，思考问题的角度就大相径庭。赵翼不愧为一代名士，有性情，有见识。

面对这么好的百姓，作为父母官，理应竭尽全力爱之、护之，努力使百姓安其居而乐其业。再做深入一步的调查，赵翼便发现，危及百姓生计的，竟有三害：一是一些贪官污吏，仗着山高皇帝远，又见小民可欺，便肆无忌惮敲骨吸髓，苛捐杂税多如牛毛，甚至拿官仓粮米放高利贷。二是边患频仍，常有兵匪越境侵扰，烧杀掳掠，百姓苦不堪言。三是虎多成患，山高林密，猛虎时常下山伤害人畜，弄得人心惶惶。

赵翼决心来一个"除三害"。他果决地惩治了一批贪腐官员，严令废除苛捐杂税，将官仓粮米无息贷给贫苦农民。他还引进归顺州（今靖西）的八角树到镇安种植，使之成为当地的支柱产业。他亲自巡察边境，派精兵严守关隘，迅速消弭边患。另外，他从外地招募有经验的猎人，同本地山民一道，捕杀恶虎，其余虎遁入深山老林，从此虎患肃清，人民生产生活恢复了正常。

赵翼知镇安府三年，最为人所称道的，是他全身心融入当地少数民族之中，作诗为文，对少数民族的风俗习惯给予高度的赞扬。镇安一带，为少数民族世居之地，每逢年节，皆有歌圩。男女青年娱乐恋爱，其乐融融。可是历代封建统治者都以"有伤风化"为名，横加封禁。赵翼来到壮乡瑶寨，看见百姓兴高采烈，歌声互答，他一反常规，写下《土歌》一首，对歌圩风习大加赞许。

作为一代大家的赵翼，来到祖国南疆，一则尽为官一任、造福一方之责，二则作诗文状物抒情，为偏远山乡留下许多文化刻痕。赵翼离任之时，当地人民感念他的功德，为他建立生祠，后又在府城的阳明书院内立报功祠。为人民做了好事的人，人民是不会忘记他的。时至今日，德保、靖西一带人民，对这位清廉知府、一代诗人，仍然感怀于心，永志不忘。

（彭匈）

## 谢启昆：
## 心系八桂民生情　治学从政皆有成

广西地处祖国南疆，历史上学术、文化水平不如中原地区。清朝乾、嘉时期，一位新巡抚的到任，使广西学术研究风生水起。这位巡抚名叫谢启昆。

乾隆二年（1737），谢启昆生于江西南康府（今庐山市），二十二岁时进京入太学，两年后乡试中举；乾隆二十六年（1761）中进士，授翰林院庶吉士，自此步入仕途。先在江苏镇江、扬州担任知府，后提拔为山西布政使。嘉庆四年（1799）九月，又擢升广西巡抚。

在此之前的乾隆五十三年（1788），越南发生军事政变，两广总督孙士毅受越南王室所请，带兵前往越南与叛乱势力作战。战争中所需要的军备物资大都由广西负担，这直接导致了后来广西社会经济的困难，延续十几年都难以恢复。谢启昆任广西巡抚之初，广西财政亏空累累。面对各项财政缺漏，他上奏具陈广西财政利弊缘起，要求严厉惩处贪官污吏，对二十九个财政出现亏空的州县，彻底清查备案，明确各地缴纳租税数目，禁止各州县官员肆意搜刮。同时，对清廉爱民之官员，记功嘉奖，鼓励官员多采取利民举措。经过谢启昆的不断努力，广西的财政状况逐渐摆脱困境，社会经济有所好转。

元朝以后，明清在广西少数民族聚居区实行土司制度，这些地区自然环境恶劣，社会经济文化发展水平也相当落后。当地人民相对保守的观念，限制了生活物资用品的流通，生活多有不便。谢启昆积极倡导外地客商进入土司统治地区经商，改善民生。然而，随着土司家族的繁衍增多，加上生活奢侈，很多土司的田产渐渐难以支付巨大开支。外地客商趁机携款西进，大放高利贷，并低价购买土地，致使土司负债累累，不得不提高辖区内佃农的租税，人民叫苦不迭。针对这种情况，谢启昆决定从源头抓起，严惩放高利贷的外地客商，将他们遣送回原籍；饬令将田产归还土司，并按原例租予佃户种植，恢复农业生产。同时，通过减税的方式鼓励民众垦殖，拓展生产，收效甚大。

谢启昆对兴修水利也很热心。嘉庆五年（1800），兴安县海洋河堤坍塌数十丈，不仅上万亩农田遭殃，还严重影响了漓江、湘江的航运。谢氏亲自督导，并沿用浙江海塘"竹篓囊石法"镶筑石堤，使河道航运得以恢复，深得当地民众称誉。

关注民生，是谢启昆抚桂期间为人称道的政绩之一，尤其是对社会弱势群体的抚恤照顾。抵桂伊始，谢启昆顶着财政困难的压力，在全省原有抚恤孤贫名额的基础上，添增三百五十五个名额，每人给银一两六钱。翌年，又加三百四十五名，恤银增至二两四钱。此举使挣扎在保命线上的困难人群得以饱暖，对稳定边

疆社会秩序起到了良好的作用。

　　谢启昆抚桂近三载，对广西文教、学术事业发展的推动，更是名垂青史。履任之时，谢启昆将八船典籍运到广西，为历任广西巡抚从未有之事。在他的倡导下，省治桂林的文教事业办得红红火火。秀峰书院是当时省城著名学校，曾获雍正帝赐银千两、嘉庆帝赐书千卷。谢启昆到任时该书院创办已有半个多世纪，虽经不断修缮，仍赶不上教育发展的需要。次年，谢启昆决定扩建，新增生员房舍五间，东西厢房各三间，并在书厅立汉代广西著名学者陈元的牌位，以励学子。对省城以外的各府州县也鼓励办学，他还敦促各地维修、扩建一批书院。

　　谢启昆巡抚广西时，被清廷授予兵部侍郎兼都察院右副都御使衔。作为二品封疆大吏，能在政务之余潜心研究学术，在清代并不多见。谢启昆鉴于雍正时期所修的《广西通志》多有损漏，便招募精于考据、擅长地理的胡虔主持桂林秀峰书院，并于院内成立修志局，自任总裁，与此同时下令各知府、知州参与资料搜集工作，将各地典籍志书、文书资料上报省城，为修志局所用。在编纂过程中，虽然具体的工作由胡虔来组织，但谢启昆在体例沿用等方面却亲自参与规划并执笔撰写，使得全书撰述工作得以有序展开。

　　从嘉庆五年（1800）正月设局始修，至翌年四月，二百八十卷的《广西通志》初稿问世，耗时仅一年有余，震惊学界。这部《广西通志》由典、表、略、录、传五个部分组成，记载先秦至嘉庆五年广西的历史。收录历代近两千八百多位人物的事迹。其篇幅之大、内容之丰、体例之完备，为广西方志前所未有。其体例编排合理，是这部方志最为人称道之处。张之洞赞该书为"省志善本"，梁启超称"后之作者，皆奉楷模焉"。著名学者阮元主持修撰浙江、广东、云南等省的通志时，也仿其体例。

谢启昆又辑有著名的《粤西金石略》，辑录晋至元广西境内各种钟鼎款文、摩崖石刻共四百八十三件，形制以石刻为主，属地以桂林为最，年代以宋朝为多，内容涉及历代吏治、征战、建筑、宗教、游记、诗词等，是一部价值极高的史料集。作为嘉庆《广西通志》的副产品，《粤西金石略》阅读方便，为广西古代史研究提供了不可多得的史料。随着时间的推移和风雨的侵蚀，这些金石文献有的已失，有的已经无法辨认，要不是谢启昆将它们记录下来，后人便无法读到其中更多的史料。

在广西历任外来官员中，谢启昆以年逾六旬之躯前来就职，在两年多时间里做了一系列令人夸耀的好事，编纂出闻名全国的省志，使他与众不同而格外耀眼。嘉庆七年（1802）六月，广西大旱，民众生活难以为继，叫苦连天。谢启昆心急如焚，拖着病体，率领僚属前往桂林郊外的城隍庙祈雨，不幸于烈日下中暑，医治无效，于是月二十六日病逝于广西巡抚任上。

（覃延佳）

## 阮元：
## 虑外患一代文宗　育桃李经诂山斗

阮元（1764~1849），字伯元，号云台，清朝嘉庆、道光间名臣。他是著作家、刊刻家、思想家，在经史、小学、天算、舆地、编纂、金石、校勘等方面，都有着非常高的造诣，被尊为"一代文宗"，《清史稿》称"海内学者奉为山斗"。

阮元的仕宦之路，颇为一帆风顺。乾隆五十四年（1789），阮元中进士。因为成绩优异，深得乾隆皇帝赏识，被任命为少詹事、南书房行走，后晋升为正詹事。嘉庆二十一年（1816），阮元升任湖广总督，次年改任两广总督，直到道光六年（1826）。

作为两广总督，阮元一上任，就立即修复贡院，开经古课，教导诸生。在嘉庆二十五年（1820）至道光三年（1823）年间的几科中，两广相继有陈继昌、林召棠中状元，罗文俊中探花，吕龙光得会元。这在科举考试中，算得上荣极一时了。

阮元作为实干教育家，除了自己有扎实的治学功夫外，还善于把教学、学术研究、收藏充实图书、刊刻印刷书籍组成一个有机的整体，为培养人才服务。他在两广总督任内，汇集自清初迄乾嘉近两百年汉学的成果，厘别精粗，编辑刊刻《皇清经解》一百八十种、一千四百卷，对推动清代汉学的发展起了很大作用。

阮元多才多艺，撰写了许多脍炙人口的诗联。他的学生梁章钜巡抚广西，他也曾撰联相赠："江乡仁惠传荒政，岭表恩威播外夷。"

阮元多次巡视广西，热爱八桂山水。在阳朔九马画山，他题刻了"清漓石壁图"五个大字，还留下了《清漓石壁图歌》："天成半壁丹青画，幡然高向青天挂。上古何人善画山，似与荆关斗名派"，"清漓一曲绕山流，往来何人不举头。六年久识奇峰面，五度来乘读画舟。"在桂林王城正阳门上，他为连中三元的陈继昌题刻"三元及第"匾，今存。在梧州，他为允升塔题额"秀发梧江"，并赋诗："云山郁蒸，江水澄凝。得此高塔，势欲上腾。梧岗吉土，从此其兴。"

阮元虽身处高位，却从不做寿。在生日这天，他总会离开衙门，"每于是日谢客，独往山寺"，作竟日之游，有时还煮茶消遣，自称"茶隐"。五十六岁生日那天，阮元独自前往桂林隐山避客，并作有《隐山铭》：士高能隐，山静乃寿。浚之主名，辟此奇秀。一山尽空，六洞互透。不凿自通，虽探莫究。穴无雨来，岩如天覆。虚腹开潭，垂乳滴溜。寒澈镜奁，响传壶漏。引月入峡，吸云穿窦。磴曲风抟，泉清石漱。仰壁藤垂，摩崖苔绣。莲忆古香，桂凝秋瘦。招隐岩前，朝阳洞右。凉堂北开，高亭东构。独出春城，静观清昼。晓风入怀，夕阳满袖。一日小隐，千年古岫。何人能复，西湖之旧。

阮元担任两广总督近十年，适逢鸦片战争前的十几年，处理对英国的事务多起。他于嘉庆二十二年（1817）到广州，这时正是英国人阿美士德使华失败的第二年，中英两国矛盾开始激化。阮元深感问题的严重性，就在次年的二月和五月，先后密奏朝廷对英政策，主张采取强硬态度。他认为英人"长于水，短于陆；强于外洋，短于内洋"，因此要加强内洋和陆上防务。只是嘉庆皇帝不同意他的主张，强调"恩威相济"，并告诫阮元"断不可孟浪从事"。可是英国人不断滋事，打死打伤中国居民，英方以停止贸易相威胁，清政府索凶多无结果。阮元忍无可忍，便采取折中办法，只允许英国商船贸易，而不允许对方兵舰来华。

清政府早在雍正年间就曾下令禁止贩卖鸦片，阮元于道光元年（1821）兼署粤海关监督时，严格实行禁令，查禁英船夹带的鸦片烟，还惩办了走私的洋行商人伍敦元。

阮元十分勤奋，在长期的仕途生涯中，从未中断过学术研究，著述颇丰。他著有《研经室集》，还主编和自撰了《畴人传》《十三经校刻记》《经籍纂诂》等重要著作。

阮元离开两广后，改任云贵总督。道光十五年（1835），任体仁阁大学士。十八年，阮元七十五岁，因病获准退休。二十九年，阮元病逝，享年八十六岁，谥"文达"。

（梁宇广）

## 梁章钜：
## 广东禁烟称徐公　广西也有梁闳中

藤县县城北流河东岸绿树成荫、翠竹婆娑的东山上，有一座纪念苏轼、苏辙、苏过三人在藤州相会的访苏亭。亭中立有梁章钜对联石刻两副。一副是："万里赴琼儋，夜起江心弄明月；一亭抚笠屐，我以画里拜先生。"另一副是："欢迎学士南来，夏日有荔枝三百；笑送浔江东去，春来采红豆几枝。"其实，只要有兴趣，人们还可以在广西其他的风景名胜处看到梁章钜的题刻和撰联，如桂林独秀峰读书岩的"诗境""峨峨郛邑间"，叠彩山的"瞿张二公成仁处"等石刻，也都是他的手迹。

梁章钜（1775~1849），字闳中，又字茞林，号退庵，福建长乐（今福州）人。嘉庆七年（1802）进士。道光十六年（1836）三月升任广西巡抚兼署学政。在桂林六年，厉行禁烟，制止考场舞弊，开发风景名山，推进文学创作，极有政声。他一生著作达七十多种，但本文仅记述梁公政绩的另一方面。

梁章钜到任广西时，正是鸦片在中国日益泛滥的时候。梁章钜力主查禁鸦片，他说："以中国之银，易外洋之物，而一去不

复返，然犹有物存也。……乃至以中国之银，易外洋之鸦片，而耗中之耗，愈不可问矣。"

那段时间，朝廷每天上朝，都为鸦片问题争得不可开交。梁章钜则认为："鸦片烟之源不在吸食之人，而在囤贩。试思外洋之物不流入内地，则人何从而兴贩？无兴贩又何从而吸食？是必有以银易烟之奸民，即必有开窑囤烟之窝地。"他还分析了当时与英国开放烟土贸易的时弊："皆不在内地，而在窑口……凡有窑口之处所，衙门书役以及土豪地棍皆沾其利，为之护持。"主张堵塞祸源，重治官吏中染指鸦片的败类。

力主禁烟的湖广总督林则徐被任命为赴粤禁烟钦差大臣，随即在广东全省厉行禁烟，并于道光十九年四月二日（1839年6月3日），在虎门当众销毁从英美等国不法商人手中缴获的鸦片两百三十多万斤。

梁章钜是林则徐的好友，两人同乡同窗，同以科举入仕，同是道光年间闽中乡望所瞩的经世派名臣。在几十年的仕宦生涯中，他们鱼雁不断，诗文不辍，互相关爱敬重，两人同是坚定的抗英禁烟派人物，同官岭南，战斗在禁烟抗英前线。林则徐在广东禁烟，梁章钜以广西巡抚的身份在邻省积极配合。

梁章钜订立《查禁章程》，严令广西各府、州、县认真稽查，尤其重视铲除鸦片种植，以塞源为本。当时与广东毗连的浔州（今桂平）、梧州、平乐等地成为鸦片流入广西的主要渠道，为患日深。他严令官吏认真盘查，捉拿烟贩，破获多起贩卖烟土案和官吏包庇烟贩案。浔州府行动迅猛果断，查禁甚丰，计获烟土前四千余两、烟枪一千余杆。浔州知府徐继畲擢升福建延建邵道，道光二十年（1840）鸦片战争中调署汀漳龙道道员，在漳州前线奋勇抗英。梧州知府的家丁张三受贿包庇烟贩案被侦破，从府中缴获烟土、烟膏三万余两，烟枪一千余杆。梧州知府刘锡方查禁不力，梁章钜奏请朝廷免去其职务，并责令他去捉拿大宗的烟贩，以赎过失。当时，太平（治今崇左市江州区）、泗城（治今凌云）、镇安（治今德保）、思恩（治今南宁市武鸣区府城镇）各府以及与云南、贵州交界的山地，已有人栽种罂粟花，刮浆熬膏，制毒贩毒。梁章钜严饬各属遍行查禁，铲除烟苗，严绝滇、黔外来贩卖之路，并采用十家连环保法，每年于二月、八月查办两次，一时间鸦片基本杜绝。

　　鸦片战争爆发后，梁章钜领导的广西成为支援广东战场的主要后方。定海失陷后，琦善到广州，与林则徐反其道而行。在英侵略者威胁利诱下，琦善擅自签订割让香港、赔偿烟价六百万两银币的《穿鼻草约》，但他却把这一切都归罪于林则徐。道光二十一年（1841）初，英军占领香港，攻陷虎门，迫近广州。梁章钜立即选派强将率领两千名广西精锐士卒，星夜驰援广东，

● 梁章钜留在桂林独秀峰读书岩上的石刻

协助林则徐抗英。广西副将周枋在保卫广州门户乌涌炮台战斗中英勇殉国。为加强广州的防卫，梁章钜命令广西军民把桂林、南宁的十二尊城防大炮以及其他地方数十尊五百斤以上的火炮拆运广州，并源源供应在珠江上设置栏栅、暗桩、木排所需的木料等物。

为防英军窜入广西，梁章钜请旨亲自督兵镇守与广州接壤的梧州，根据南宁、浔州、平乐、郁林（今玉林）三府一州山势地形，"择其要隘，添拨官兵驻守，严密巡查"，还晓谕各属居民"团练壮丁，自相保聚，水路则临流设险，陆路则筑卡挖壕"，办团练、除奸宄，与广东联络声势，使广西境内安然无事。

道光二十一年（1841）五月，林则徐因禁烟"办理殊未妥协，深负委任"和"废弛营务"罪名被革职。梁章钜很为林则徐不平，痛恨琦善等投降派。他积极查实并上奏琦善和广州知府余保纯的投降卖国罪行，怒斥琦善"专以钳制人口为能"，"开门揖盗"，认为琦善的妥协、割地赔款损害了清廷的统治，奏请朝廷罢免琦善，并向朝廷提出以"收复香港为首务"，终使道光帝下诏将琦善革职拿问。

林则徐被革职后，梁章钜仍坚持林则徐的抗英爱国路线，在广西全力备战。同时，又派出一千名广西精兵到浙江作战，直至鸦片战争结束，才将援粤、浙部队撤回。随后，年近七旬的梁章钜任江苏巡抚、两江总督，因军务繁忙、日夜操劳，旧疾复发，道光二十二年（1842）辞官回乡，于道光二十九年病故，享年七十五岁。

（潘茨宣）

## 李彦章：
## 兴学劝农禁歌圩　"多事知府"任评说

他不是广西人，短短二十五年的宦旅生涯中却有约八年的时间在广西任职；他是一方长官，却乐于奔走田间、兴学育人；他工诗善对，却谕令禁止歌圩。他就是清代文学家、教育家李彦章。

李彦章（1794~1836），字则文，号兰卿，福建侯官（今福州）人，是个读书种子，清嘉庆十六年（1811）年纪轻轻就中了进士，道光五年（1825）外放为广西思恩府（治今武鸣府城）知府。

在外地人眼中，思恩是荒僻之地，瘴气遍布，蛊毒害人。李彦章之前的几任知府，都不愿意把身家性命搭在这里，每次处理完公务就赶回较为富庶的宾州（治今宾阳）住。李彦章上任后，幕僚说武缘有"妖魔作祟"，您也换个地方吧。李彦章断然拒绝，还顺便把前几任知府也批评了一通，可见性情之耿直。

李彦章来广西后，听说前任武缘县令艾光绂擅自将岭山书院改成了粮仓，十分愤慨。他提出"清学田，复学舍"，与时任武缘县令申及甫一起处置了书院的产业问题。

此事过后，李彦章开始大兴文教，倡办义学，修建书院。道

光六年（1826），他带头捐银一千五百两，率领思恩府十二土司，共建阳明书院（故址在今武鸣府城高中）。书院缺少教材，李彦章就亲自编写一卷《榕园识字编》。据说当时的书院里，大小孩子都挤在一起高声诵读，特别热闹。李彦章公务之余，也会步行到书院给学生上课。在他的努力下，西邕书院（位于今环江毛南族自治县内）也修建起来，规模比阳明书院还大。

这一年，李彦章挺忙。一是扩建思恩府试院（故址在今宾阳县民族中学内），占地面积和考棚都比以前增加了一倍，规模居广西之首，远近乡邑的生员都跑来这里考试。二是在武缘建了一座文江塔（今尚存），共七层，高十余丈。他在《文江塔记》中指出，建此塔意在振兴当地文教，希望有"伟人奇士出乎其间"。

后来，李彦章先后调任庆远府（治今河池市宜州区庆远镇）、浔州府（治今桂平）知府，每到一处，他都整顿府学，办了不少实事。

李彦章在当时算是开明官僚，以"劝农"著称——劝农民垦水田，种早稻。不仅劝，还亲自做。

他在环江、宾阳、上林等地修建了"劝农亭"，又在自己的住所榕园（今武鸣府城高中内）开垦了一块地，雇人种水稻和蔬菜，类似今天的"试验田"。李彦章一有空就蹲在试验田里，研究双季水稻种植技术，这还真让他研究成功了。

于是，李彦章就带着人马到武缘、宾州、上林、迁江等地推广双季稻。他上任仅一年多，便在这四州县开塘圳三百三十六处，修水坝四百三十处。在思恩府城街上，至今残存一块"卧牛石"。据说是道光七年（1827），李彦章带了三百余名官员视察农业，来到卧牛石边，极目远眺，只见稻浪起伏。他兴致勃发，挥笔留下"郡守李彦章劝农至此"几字，让工匠刻于"牛腹"上。

道光十三年（1833），李彦章调任江苏按察使。当时江南水灾不断，令江苏巡抚林则徐头疼不已。他听说当年的"诗友"李彦章对早稻种植有经验，就请他编印农书。李彦章在江南试种早稻，并于次年三月编完农书《江南催耕课稻编》。这书有三万多字，不仅辑录了各种早稻品种资源、种植技术，每一节还附有李彦章的详细按语。但在实践中因种种原因未能推行。

李彦章是一名雅士，在京城时就与陈用光、吴嵩梁、徐松、龚自珍、林则徐等成为诗友。在思恩府任职时，李彦章还在自己的住所榕园读书宴客，又与当地诗人组成凤山诗社，切磋诗艺。

思恩府是壮乡，素有唱山歌听山歌的习俗，每场聚众成百上千，终日欢歌，称为歌圩。每年三月初一至初十，武缘沿江数里，士女如云，一唱百和，热闹非凡。可李彦章不喜欢，他认为壮族的歌圩活动是陋俗，踏歌"有伤风化"。他决心移风易俗，于是布贴告示禁歌。思恩府所在地有一座罗波庙，李彦章曾到罗波潭游玩，并到庙里拜祭，留下一首意味深长的诗：

云烟蒸蔚随神雨，城郭荒唐托鬼才。
莫怪三山成缩本，眼前真有海如杯。

"三山"就是蓬莱、方丈、瀛洲三岛，是道教最景仰的神仙

意境。虽然罗波庙是当地壮族祭拜本族"龙母"之处，但李彦章却更愿意把它比作道家仙境。

李彦章忙活了这么多，本地壮族人却不买他的账。武缘文人对李彦章禁止歌圩和《咏罗波潭》诗多有指指点点。壮族诗人韦丰华作诗讽刺说："兰卿太守真多事，谕禁花歌枉费神。"又有诗曰："兰卿漫说多情种，空爱三山策骑来。"意思是壮族人民的传统习俗和信仰，你兰卿知府是不懂的。

不仅如此，武缘民间歌手也用山歌与他抗辩："天上大星管小星，地上元帅管总兵，只有知州管知县，谁敢管我唱歌人？"

道光十六年（1836）正月，李彦章升任山东盐运使，未赴任即病逝，走完了短短四十三年的一生。

据记载，李彦章是历任思恩府知府中任期最长的一位。他为官一方，多有惠政，却因文化、信仰分歧颇受指摘。是非功过，也只任由后人评说了。

（龚文颖）

## 洪秀全：
## 心系天下"太平"事　创立"天国"虚幻间

洪秀全（1814~1864），原名火秀，族名仁坤，后因避讳爷名火华，遂改名秀全，出生于广东省花县（今广州市花都区）的一个普通农民家庭。他七岁入私塾读书，诵读四书五经。家人、塾师、族人都十分看好他的前途。

但是，科举之路并不顺利，他从十六岁开始，四次应试均失利，其中道光十六年（1836）他第二次名落孙山时，感到无颜见家乡父老，于是在广州市街头徘徊。在那里，他一连两日遇到传教士在布道，在听讲中获赠了一本《劝世良言》，他当时并不在意。第四次考试失败之后，他转到继母李氏家乡莲花塘当塾师。表兄李敬芳偶然看到洪秀全得到的《劝世良言》，深感"内容奇极，大异于寻常中国经书"，这才引起了洪秀全的阅读兴趣。正当他在寻找一种新的精神寄托时，《劝世良言》引起了他的共鸣。这本书的作者梁发，是第一位中国籍基督教新教传教士。书的内容是宣传基督教教义，渲染天堂永乐、地狱永苦，抨击偶像崇拜，规劝世人敬拜上帝，弃恶从善。书中所说儒教并不能保佑人们考

取功名，击中了洪秀全的心病，于是他转而借助皇上帝另谋出路，并发誓今后独尊真神皇上帝，不拜邪神偶像，不行恶事，戒烟、酒、淫等坏习。

此后，洪秀全发动好友冯云山、族弟洪仁玕入教，随即"将馆中所立孔子、文昌，家中所立灶君、牛猪门户来龙之妖魔一概除去"。由于洪秀全撤除私塾中的孔子牌位，受到乡间的嘲弄、迫害，道光二十四年（1844）四月，他"畏众人议论"，与冯云山等四人开始出游天下，先后到广州、顺德等地，宣传拜上帝教的教义，发展教徒，但收效甚微。

在广东传教不顺，洪秀全等决定去广西。五月抵达贵县赐谷村（今贵港市西谷村）表兄王盛均家，在此一面教书，一面宣传拜上帝教。其间他做了一件在当地引起轰动的事情：题诗痛斥六乌庙。

建在大路旁的六乌庙，供奉的是一对男女菩萨，当地人说这两人是得道成仙的神明，很灵验，因而非常敬畏，逢年过节总得敬备香烛牲馔前往膜拜，路过庙门也得进去恭敬地叩首跪拜。甚至在庙前耕种，不敢背向庙门。洪秀全和冯云山邀同一班民众，赶到庙前，题诗一首，斥责供奉的两个男女是"妖魔"，题罢随即用笔杆向菩萨一戳，大喊"斩妖"！早被白蚁蛀空的偶像应声倒下，"粉身碎骨"。事后，洪秀全安然无恙。而他"一笔点破六乌神"的消息，迅速传遍了贵县东乡一带。几个月间，"皈依受洗礼者逾百人"。

道光二十四年（1844）十一月，洪秀全从广西贵县回到花县，一面教书，一面发展信徒，同时还开始撰写一些宗教诗文。他先后写出《原道救世歌》《原道醒世训》和《原道觉世训》，反对世道不公，声称"天下多男人，尽是兄弟之辈，天下多女子，尽是姊妹之群"，主张"天下一家，共享太平"。

道光二十七年（1847）三月，洪秀全到广州美国传教士罗孝全的礼拜堂，"一住数月"，第一次详细阅读了《圣经》旧约、新约的中文译本，但却没有得到受洗，于是决定前往广西，与冯云山会合。这次与基督教的擦肩而过，改变了洪秀全的人生轨迹。

洪秀全只身二次入桂来到赐谷村后，得知冯云山在紫荆山先后发展了两千多名信徒，成立了"上帝会"，遥奉洪秀全为教主，"每村每处，皆悉有'洪先生'而已，到处人人恭敬"。看到冯云山在广西传教取得如此大的成效，他十分欣喜。十月，洪、冯二人移居高坑冲卢六家。为了扩大上帝会的影响，他们决定捣毁象州的甘王庙。洪秀全在冯云山等人的陪伴下，题诗控诉其罪状，斥该庙为

洪秀全塑像

"妖庙"，并命冯云山等四人"将妖眼挖出，须割去，帽踏烂，隆（龙）袍扯碎，身放倒，手放断"。

捣毁甘王庙引起两方面的反应：一方面是壮大了上帝教的声威，使参加上帝教的信徒越来越多；另一方面也引起了地方团练的反扑。其直接后果就是冯云山被捕入狱。道光二十八年（1848）三月，洪秀全赶回广州，设法营救冯云山。在此期间，广西的形势发生了重大变化：会党活动日趋活跃，土客矛盾尖锐，上帝会内部也出现一些分歧。杨秀清、萧朝贵先后代天父、天兄下凡传言，才稳定了局面。

道光二十九年（1849）六月，他们返回紫荆山后，与广西本地的上帝会骨干结为异姓兄弟，共奉上帝为天父，耶稣为天兄，洪秀全为次兄，冯云山行三，杨秀清行四，韦昌辉行五，萧朝贵行六，石达开行七，准备"聚众起事"。

道光三十年（1850）二月，拜上帝教中骨干齐集紫荆山，密谋起义大事。之后，杨秀清在紫荆山、韦昌辉在金田、胡以晃在林长坳分头打造武器。十一月，各地会众纷纷至金田团营会合，共达两万多人。

咸丰元年（1851）正月十一日，在庆贺洪秀全三十八岁生日的同时，宣布起义。洪秀全称天王，"正号太平天国元年，封立幼主"。三月，在武宣东乡建立全军五将制：杨秀清为左辅正军师，领中军主将；萧朝贵为右弼又正军师，领前军主将；冯云山为前导副军师，领后军主将；韦昌辉为后护又副军师，领右军主将；石达开为左军主将。九月，太平军攻下永安州（治今蒙山）后，进行休整。洪秀全先后发布《令各军记功记罪诏》《谕兵将立志顶天真忠报国到底诏》，还下诏褒奖分封，杨秀清、萧朝贵、冯云山、韦昌辉、石达开，分别被封为东王、西王、南王、北王、翼王。

咸丰二年（1852）四月，太平军从永安突围后，围攻广西省会桂林不下，撤围北上，先后克兴安、破全州，进入湖南。在久攻长沙不下后，沿湘江北上，先后攻占岳阳、武汉等城市，后沿长江水陆并进，浩浩荡荡，势如破竹，一举攻占南京，次年三月定为首都，改名天京。咸丰六年（1856）九月，太平天国内部出现内讧，史称"天京事变"。杨秀清及麾下数千兵将被韦昌辉诛杀。韦昌辉因为滥杀无辜又被洪秀全处死。石达开因为得不到洪秀全的信任，"负气出走"。

定都天京后，洪秀全深居简出，大小军政事务在"天京事变"前委任杨秀清等人处理，"事变"后委任李秀成、洪仁玕等人处理，自己则一门心思钻研宗教理论，批注、删改《圣经》。尤其是在太平天国后期，前线连连失利，天国即将崩溃的时候，他竟对宗教到了痴迷的程度，以至于不信人力信神力。

同治三年（1864）夏初，天京粮尽。洪秀全命令军民食"甜露"（实为野草）充饥。因为带头食"甜露"并因心里焦灼，洪秀全病死床上。随后，湘军攻入天京，太平天国运动最终失败。

（宾长初）

## 马丕瑶：
## 清慎自持恤烝民　桂蚕盛景溯滥觞

马丕瑶，字玉山，河南安阳人。生于道光十年（1831），同治元年（1862）中进士，随后在山西任知县、知州、知府二十余年。光绪十四年（1888）任广西布政使，次年升任广西巡抚。光绪十八年因母亲去世，回乡守丧。

光绪十四年，马丕瑶刚到广西担任布政使时，广西的官场非常混乱，一是历年积压下来的民事案件比较多，二是各州县的账目不清不楚，有的根本就是一笔糊涂账。马丕瑶到任不久，就将重大积案七十七起处理了六十余起；一年之内，详咨二百七十余起案件，使广西的刑狱混乱情况有所改善。针对广西州县财经混乱、厘金征收不利的局面，他亲定《广西详定清厘交代章程》，设立机构，专门负责清理，做到"有案皆结，无欠不追"。结果不到一年，清结交代九百余起，追缴欠款二十余万。他还十分注意考察选拔人才。对什么人适合做州县官，他有自己的看法，主要的有两点：不爱钱，爱百姓。选人用人则坚持两点：靠得住、能办事。

第二年八月，马丕瑶升任广西巡抚。不久他就在广西各地巡查，行程达四千里之遥。每到一处，他都仔细地查看山川险要、访问民间疾苦、考察吏治情形。他曾经慨叹道：巡抚巡抚，非"巡"不能"抚"也！经过调查，他看到："防边莫先固本，察吏始能安民，第一要务首在审官。"根据在藩司任内从言行、文牍及舆论诸方面对官员考察的结果，在授巡抚职后半个月，就举劾一批府县官员。同年十二月，他向全省发布《广西禁地方官苛派告示》，严禁各地官吏巧立名目勒索百姓，违反者严惩不贷。在担任巡抚期间，马丕瑶持之以恒地荐举干才，参劾劣员，使广西官场风气得到整肃。

劝务蚕桑，发展社会经济，开展全省性的植桑养蚕运动，是马丕瑶治桂的一个亮点。为了推动蚕桑运动的进行，马丕瑶亲自写了《劝民种桑歌》，用通俗易懂的语言写道："缫得一把丝，换得两月粮，织成十匹绸，起得三间堂……粤西贫瘠何难富，家家丝茧，户户筐箱，只要桑株百万行。"他命令各级官员将这首《劝民种桑歌》张贴出来，宣传植桑养蚕的好处。他还积极搜集蚕桑各书，如《养蚕实济》《蚕桑宝要》等，刊刻后分发广西各地，并开办各类蚕业学校，对民众进行教育，使他们懂得蚕桑之利和植桑养蚕之法。他先在桂林、梧州两府设立机坊，请附近女师来教民缫织，并随时收购民众制出的新丝，所以来学习的人十分踊跃。他督饬各府、州、县官员认真办理植桑养蚕事务，并多次上奏朝廷，请求给予办理蚕桑事务卓有成效的官绅以奖赏。他还请求清政府减免广西新产丝绸厘税，以利发展，均获准。厘税的减

免，解除了商人的顾虑，便利于丝绸的销售。

在马丕瑶的带动下，广西各级官员也开始重视办理蚕桑事务，有力地促进了蚕桑业的发展。容县乡民植桑养蚕，翕然向风，"始种于旷土，继植之田间，遍野柔条，其叶沃若，获利厚"。平南县蚕桑业发展迅速，植桑养蚕很快成为当地农民的重要经济活动。"务蚕者已踊跃劝功，蒸蒸日上。……种桑者约近百家，多则万余株，少则千百株。"光绪十七年（1891），植桑之盛超过容县而"甲于全省"。地处桂西的镇安府，也出现"遍地皆桑，丝茧广出"的局面。此外，柳州、庆远（今河池）等府，以及藤县、苍梧、贵县、来宾、宾州（今宾阳）、崇善（今属崇左）、思恩（今属环江）、迁江（今属来宾）等州县也大力兴办蚕桑业，成效显著。广西蚕桑业"有渐推渐广之势"，全省领种桑秧共约二亿七千多株，出丝数达二十余万斤，售往外洋，岁得添产五六十万金。

马丕瑶劝民众种桑养蚕，发展商品经济，目的是改变广西的落后面貌，改善老百姓的生活。早在当布政使时，他便上书巡抚唐炯，认为广西厘金太重，农民一年辛辛苦苦所得，除了交正税外，所剩无几，希望当朝把农民米粮税厘酌情减免。当巡抚时，他通过巡查，看到了老百姓的生活状况，因此多次上奏朝廷，反映广西民众生活艰难的状况，请求募集款项时予以体谅。例如在《筹解备荒银两折》中，他把在梧州、浔州、南宁等府访问到的情形，上奏皇上，认为劝募新捐恐怕"难期有济"。此外，他还下令整顿育婴堂，接济生育女婴的贫困家庭，大批收养弃婴，平民百姓受益匪浅。

光绪十五年（1889）九月，马丕瑶经奏请在省城开设官书局。接着在梧州、浔州、柳州、南宁、太平、泗城、百色、玉林、归顺等地也设立了官书局。每个官书局均建有书楼，楼上藏书，楼下阅览。因广西图书缺乏，马丕瑶又上奏朝廷，请调江苏、浙江、广东、湖南、湖北、四川六省书局的局刻经史及其他书籍每种十本，分置省城及各郡书楼、书堂，让读书人"观摩诵习"。各府州的书局建成后，他还亲自撰写对联，勉励各地读书人刻苦攻读。为教化民众，他奏请为一些广西籍或在广西任过官的历代名臣大儒设立专祠，以供祀典。此外，他在巡察各地时发现土司所辖地区的士子在科举考试上屡受土司阻挠，于是大力予以开导。

广西地处南疆，中法战争后，法国把侵略势力伸入滇、桂两省。马丕瑶在抚桂期间，将巩固边防作为急切要务，强调要加强训练，防范敌人入侵。他制定"春秋二季轮操之法"，让一半人操练，一半人守边，定期互换，做到操练与守边两手抓、两不误。他还与提督苏元春同赴边境沿线进行巡查，以花甲之年，亲临边关，并登上镇南关险隘检查炮台情况。

马丕瑶在广西做官期间，做了不少实事，让当时的老百姓得到了实惠。而他廉政、亲民、务实的工作作风，也给后世留下了可贵的精神财富。

（宾长初）

## 杨道霖：
## 柳柳州后杨柳州　兴利除弊成洪烈

唐朝时，柳宗元在柳州任刺史，虽是被贬谪，但他解民疾苦，柳州人称之为"柳柳州"。清朝末年，柳州迎来又一任父母官杨道霖。这位留洋的新派知府以"烈烈轰轰做他一场"的气概，广施新政，赢得"柳柳州"后"杨柳州"的美誉。

杨道霖（1856~1932），字仁山，清代江苏无锡人。十七岁时应童子试，以第一名考中秀才，三十六岁考得进士。他先后应洋务派著名人物盛宣怀、张之洞的聘请，办理洋务文案。洋务派力倡"中学为体，西学为用"，发展近代工商业，对中国封建社会相沿两千多年的重本抑末思想与传统提出挑战。

杨道霖在商部做了一段京官后，光绪三十一年（1905）随大臣出洋考察，半年里，游历日、英、法、德、俄、美等九国，参观过意大利、奥地利、日本的公园。日本明治维新后的国力强盛和文化发达，给他留下深刻印象，写下《日本统计类表》十二卷。这种师夷长技的感悟，为他以后到柳州做官施行新政奠定了重要基础。

光绪三十三年（1907），杨道霖奉命补柳州知府之缺。他在给友人的信中表示："既已到此，且烈烈轰轰做他一场再说。"

抵任后，杨道霖对柳宗元在柳州释奴、兴学等事迹有感于中，认为"祠旁立公园，即以'柳侯'名之，从民望也"。于是仿照日本公园之例，建立柳侯公园，"为合郡士民休沐游观之所"，纪念这位刚直刺史。

为筹款建公园，杨道霖发动官绅商士民捐款，并带头捐洋银五十元，助送竹卉树种，号召民众出义工。宣统元年（1909），柳侯公园建成。园内深拓罗池，养鱼种莲，布置亭榭，是当时全国最早修建的公园之一，免费向民众开放。

开园后，杨道霖修订入园规则十四条，首条明确公园的宗旨是与民同乐，男女老少皆可入园。还规定，入园应男让女、少让老、前坐让后至，不得喧哗；官绅不得以读书、养病为名，借寄公园住宿；入园不得采摘果卉，伤捕鱼鸟，搜捉草虫，违者议罚，小孩有犯，罚其家长；园内、树下多设坐处，不准睡卧；等等。规约彰显公平与文明，体现了自由、平等的思想。

杨道霖身为封建官僚，却难能可贵地重视女性教育。光绪三十四年（1908），杨道霖办起了柳郡女子师范学堂，学制一年。他在《试办柳郡女子师范学堂附呈规则禀》中写道："东西方各国男女并学，中国女学至为幼稚。"

学堂首期学生为地方士绅选送的妻女和亲友眷属，教员均为志愿者，不支薪水。杨道霖的妻子通翰墨，精绘事，义务到学校任教，教授图画课并被学生推为学堂监督。

同年，他还试办普通人民识字所，不收分毫，致力扫除文盲。这在百年前实属不易。杨道霖鼓励人们："一个人每日识四个字，二百五十日即可识满一千个字。"识字后的好处显而易见——"从前月工资只有一二元者，识字后即可加倍；如为伙徒可升掌柜司账"。

此后，他还建立柳州警察学堂，强调为警察者"自重尊严"，应训练有素。

在政务治理上，杨道霖虚心求教于民，告谕全城："凡各属地方何利可兴，何弊可革，何处农田可耕，何处矿利可开，以及畜牧、种植、通商、惠工各事，无论绅士人等，苟有所怀，皆可诣府面陈，当立时接见，详为咨询。"在实践中，他颁行禁止毒鱼规定，增建谷仓，修筑水坝等。

时逢古宜（今三江）苗民聚众十万围攻主簿署和统税局，捣毁学校并将进攻县城。上司命杨道霖统兵剿杀。然而，他并未大开杀戒，而是亲临古宜，查明原委。杨道霖一边劝说苗民解散，一边向上陈明事实，最终妥为平息，没有酿成流血惨剧。

柳州盛产木材，柳州棺木驰名天下。对这一重要的社会生产，杨道霖见解独到，上报禀文：原柳州土货出口以杉木为大宗，径运广东各府销售。但取材专备棺椁送葬之用，多少良材弃之无用之地，不能销售出口与洋木争衡。

他在宣统元年（1909）召集柳州绅商，集资试办华兴木植公司，至香港购半锯木、起重机器，依照洋法锯办木材运出，分销广州、香港、上海、天津等埠。木材备于华洋商民建造房屋舟船器具等用。并承包各省官办商办工程，如修建工厂及铁路电局需用枕木、线杆等。

因官幕争功诬陷，杨道霖上任两年后解任还乡，临行自题府署联云："臣本寒儒，外官贫过京官日；我惭士庶，去任亲于到任时。"柳州士绅为他饯行，在柳侯公园正楼摄影留念，并公送万民伞及锦匾。他带着在柳州为官期间的治柳文告回到老家无锡，整理成《柳州文牍》。

离任后，杨道霖将柳州华兴木植公司扩充经营，在上海成立总号，原公司改为分公司，并增设古州（今贵州榕江县）、无锡、天津三处。公司采购贵州苗山和广西大苗山木材，经柳江、西江运至广东出口，不久改为股份公司。至宣统三年（1911）辛亥革命爆发，公司结束。

1932年，杨道霖病逝于无锡故居。殁后，有识者给他送挽联："是贾长沙一流，忆昔忧时陈政事；毡柳子厚而后，于今遗爱遍遐荒。"将他与柳宗元相提并论。

（石慧琼）

# 康有为：
## 来桂讲学传新知　千秋留得姓名存

在桂林叠彩山风洞外东侧竖有一石碑，上刻"康有为讲学处遗址"。据史料记载，康有为于光绪二十年（1894）、二十三年（1897）两次来桂林，都居住在叠彩山风洞前的景风阁。

康有为是广东南海人，主张变法，但在最初并没有得到很多人的理解，他著《新学伪经考》《孔子改制考》等书，遭到了守旧士大夫的攻击。有人要求焚毁《新学伪经考》，不许他在广东讲学。康有为一时非常郁闷。这时，桂林开明士绅龙泽厚途经羊城，因崇拜康有为而登门造访，并力邀到桂林，于是就有了康有为的第一次来桂之游。光绪二十三年（1897），"公车上书"失败后，康有为再次来到桂林，进行了游历和讲学活动。

康有为第一次来桂时，拜访了桂林四大书院的山长。第二次来桂时，他已考中进士，授工部主事，虽然是个小京官，但因为公车上书，已经是声名鹊起。他除了拜见巡抚史念祖、臬台蔡希邠外，还拜会了赋闲在桂的岑春煊、唐景崧等人，与他们来往密切，相处融洽。他还创办圣学会，宣传维新思想，培养变法人才。

● 康有为在桂林讲学处遗址

由于得到地方实力派人物以及主持桂政的臬台蔡希邠的支持和赞助，圣学会的活动搞得有声有色。后来康有为开办广仁学堂，除开设经学等传统课程外，还开设中外历史、地理等课程；又创办《广仁报》，以宣传变法图强为宗旨。

这些活动，对开通广西风气具有重要的影响，使当时许多知识分子茅塞顿开。据统计，在光绪三十一年（1905）同盟会成立前，广西的知识分子大多是变法维新的拥护者。一些受过教育的士子，参加了康有为领导的戊戌变法运动。"公车上书"时，最后在书上签名的十六省六百零三名举人中，就有九十九名是广西人，广西成为全国参加上书人数最多的一省。光绪二十四年（1898）四月保国会在京成立时，在列名入会的一百八十五人中，广西人占了十名。

康有为同时又是一位具有浪漫情怀的文人。来到桂林后，他经常在讲学之余，与好友弟子畅游各处景点，在如诗如画的山水中流连忘返，并与友朋吟诗作赋、相互唱酬，留下了不少游览桂林的纪实诗作。如他的《漓江杂咏》：

锦石奇峰次第开，清江碧溜百千回。
问余半月行何事，日读天然画本来。

有一次，康有为率诸弟子下山，穿过木龙洞，过虞山，转到北门入城，来到宝积山北的铁佛寺。在寺北发现一个岩洞，他便题名为"康岩"。他还把北城边的一处洞穴命名为"素洞"。将自己的姓、号题刻于洞旁,这是非常罕见的举动,从中可见他对桂林山水的眷恋。"康岩素洞足烟霞,桂树幽幽吾所家。"他俨然把桂林当作自己的第二故乡。

康有为毕竟是一位胸怀大志的思想家,"壮士有奇怀,天地为细物。星宿罗诸胸,丘壑写诸笔"。他来桂林的主要目的是做变法宣传,希望培养有用人才。这在他的诗作里也有所体现:

> 桂林片石一枝秀,领袖八桂诸才贤。
> 誓将手植万树桂,巍巍玉立苍梧边。

康有为诗歌不乏触景生情、感时忧世之作。光绪二十一年(1895)元宵佳节,桂林城灯火辉煌,民众舞龙观灯,一派热闹祥和的景象。可是,此时清军却在中日战争中节节败退,日军攻破了凤凰城。康有为遂于观灯时即席赋诗,"一万莺花开醉眼,忽惊烽火念三边。"将桂林的祥和气氛与边关的烽火连天对照着写,看出他情系边关的拳拳之心。国家的安危、百姓的疾苦,时时萦绕在康有为的心头:"关河金鼓频忧国,黎赤疮痍欲问天","兵甲满天地,苍生意若何?""丝竹哀惕写,黎元疾苦多"。

康有为率弟子游龙隐岩时,看到南宋庆元四年(1198)重刻的"元祐党籍碑",联系到自己"著书讲学被议",触景生情,百感交集,写下了《元祐党籍碑跋》,镌刻于该碑下方。光绪二十三年(1897),康有为第二次游览龙隐岩时,写下三首诗表达对权臣蔡京的鄙视和对被禁锢党人的同情。

康有为在整理游桂诗作时，对游龙隐岩时所写的三首诗作了一个注释，说戊戌政变爆发后，自己被当作罪魁祸首遭到通缉，刻在碑下的题跋也被铲去，三诗好像谶语：

大书深刻锢全门，苏马英名草木尊。
一事便宜附骥者，千秋留得姓名存。

说的是苏轼等人，又何尝不是康有为自己的写照呢！

（宾长初）

## 张鸣岐：
## 多管齐下治八桂　广西新政初有成

张鸣岐，字坚白，山东无棣人。光绪二十年（1894）考取举人，二十四年被荐入岑春煊家就馆。岑春煊应诏陈言，由张鸣岐代拟的奏折受到光绪帝的嘉奖，所以张受到岑的器重。岑春煊曾说过："坚白与我，志同道合，可以做长久的朋友。"并在一封密折中称张的才干"胜臣十倍"。于是，随着岑春煊的升迁，张鸣岐也步步高升。光绪三十二年十二月，清政府任命张鸣岐为广西布政使，署理广西巡抚，第二年六月改实授。

张鸣岐在广西任职期间，采取了一系列"新政"措施，推动了广西"新政"的发展。

首先是编练新军，加强边防建设。广西地处南疆，处于边防前线，军事地位非常重要。光绪三十四年（1908）五月，张鸣岐巡视广西边防，上《广西边防关系重要应行筹办大端折》，认为"边防重要，动辄牵及大局"，并向清政府提出一整套详细可行的建设近代广西边防的方案，并付诸实施。

光绪三十三年（1907）陆军部要求广西应练新军一镇，限五

年编练足额。张鸣岐于该年底设立了督练公所，专意训练新军。由于经费不足，到宣统二年（1910）广西在龙州只编成新军一标，共有三营；在桂林练成一个混成协，有步兵两营，马、炮、工、辎各一队。虽然距一镇（合三协）的要求尚有不小差距，但张鸣岐初步建立起一支广西的新式军队，使广西军事近代化初露端倪。

张鸣岐提出以桂林为后方总枢纽，以百色、南宁、郁林、梧州为前方总枢纽的交通网络战略布局。在边地官员的配合下，当时已经修成龙州至镇南、平而关、水口关的道路；龙州至归顺，修成十之三四。此外，张鸣岐还积极推动广西的电报线建设。截至宣统元年（1909）七月，柳州至南宁线、边防东路线、边防西路线次第竣工。同时成立广西官电总局，并设分局十余所。

其次是开发广西富源，振兴各种实业。张鸣岐把开发广西、振兴实业，放在"治桂要政"的首位。而要开发广西，首要的是开发矿产。第一，他委任留美矿师王宠佑为矿师，负责全省矿产的勘测、开采事宜，并聘请巴黎国立矿业学堂毕业的张金生到贺县（今贺州市）西湾一带实地勘测煤矿。第二，他奏请清政府开设富贺官局，开办了一个富贺煤矿、一个西湾锡矿。第三，他派人到海外招徕华侨回国兴办矿厂，先后有朱博文、叶恩等人回国投资开采贵县、南丹、贺县等地矿产。此外，张鸣岐还鼓励私人集资开采锡矿，"任由官绅商民自来、自炼、自运出口售卖"，使锑砂出口大增，生锑及纯锑由宣统二年（1910）的四万八千磅，增加到次年的七十七万磅，增加十五倍。

在垦荒方面，他一方面实行官垦，另一方面鼓励商民领垦。

宣统元年（1909），张鸣岐颁布《广西新订开垦章程》，对领垦卓有成效者，实行奖励。在政府的鼓励下，民间出现了一股兴办公司、领垦荒地的热潮，全省共建立垦殖公司几十家。他还派员到省外甚至国外聘请技师到广西传授先进农业技术，引进植棉、种桑新品种、新方法。

在举办近代企业方面，张鸣岐设立"劝业道"，奖励工商业发展；在桂林开办"省立公费纺织习艺厂"，招收三百名学徒，采用新式技术织布；在梧州设立炼锑炉厂，购置设备，招募技师，主管炼锑、验锑；在梧州设立丝业有限公司。此外，为保障实业的资金投入，张鸣岐还兴办了近代金融机构。宣统二年（1910），广西银行正式成立。

再次是培养引进人才，推行地方自治。张鸣岐主张从人才建设与筹办地方自治两个方面进行开通风气与开启民智的工作。

在人才建设方面，张鸣岐的第一个举措是大力兴办教育，培养人才。清政府废除科举制度后，张鸣岐在广西陆续兴办各类学校。他将前广西巡抚黄槐森创办的体用学堂改为优级师范学堂，又在桂林成立女子师范学堂，并在各地设立简易师范传习所。他先后在梧州创办了蚕业学堂，在龙州创办边防中等实业学堂，在临桂开办广西农业试验场附属讲习所。宣统元年（1909），三所实业学堂分别改为广西第一、第二、第三中等农业学堂。这些学校聘请国内外教师来广西讲授科学知识，并购买新式仪器、种畜、种子，发展农牧生产。此外，他还创办了陆军小学堂、陆军干部学堂、陆军测绘学堂、法政学堂、警察学校、典狱学堂等军事政

法学校，培养军事、政法人才。他还在桂林设立土司学堂，培训广西各地少数民族人才。

第二个举措是异地借才，推进广西"新政"。光绪三十三年（1907），陆军小学堂成立时，张鸣岐聘请蔡锷为学堂总办；光绪三十四年，广西兵备处成立时，他邀请日本陆军士官学堂毕业的王孝缜、李书城、孙孟戟等来广西，一起筹办新军。随后又从各地招聘人才，先后来桂的军事人才近八十人。张鸣岐还延揽了一批金融、矿业、法政方面的人才。此外，张鸣岐还派遣留学生到欧美各国学习，并创办报纸，建立图书馆等，在文化建设上也有所建树。

在地方自治建设上，张鸣岐也有所作为。他于光绪三十四年（1908）设立自治局，随后在各地开办自治研究所，并设立地方自治筹办公所。在改革司法制度方面，将广西按察使司改为提法司署，负责全省司法行政，下辖总务、审判、监狱三个科。宣统二年（1910）六月，广西法院成立，同时设置高等审判厅。同年十一月，梧州设立梧州地方审判厅和苍梧初级审判厅，均设置民事和刑事法庭。至此，广西初步建立了现代的司法制度。

宣统二年（1910）十月，张鸣岐升任署理两广总督，离开广西。张鸣岐在广西的活动很短暂，但在清末这个特殊历史时期，他所推行的一些新政举措，对当时广西的经济、社会发展也起到了一定的促进作用。

（宾长初）

# 后　记

千百年来，众多旅桂历史名人参与创造了广西文化和中华文明史。他们或仕宦，或谪迁，或游学，或旅行……出于种种原因，与广西结下了不解之缘。他们或在贬谪岭西的日子，或在宦游广西的路上，所谱写的华章、所留下的心曲，以及他们为广西尽心尽力的作为，令人掩卷沉思。正是这些旅桂历史名人与广西籍的历史名人一道，共同促进了广西文化和中原文化的融合、发展、繁荣。他们中的大多数人功绩是不朽的，人格是伟大的。他们的故事和成就，留给我们一笔丰厚的文化遗产和精神遗产，并已熔铸到广西的精神中，成为我们在新时代不断开拓进取的精神力量。

《寓桂历代名人》是"文化广西"丛书史传系列中的一本。得益于本丛书的出版，我们有幸参与了本书的编写工作。我们力求用史料和故事，用责任和良知，编著这样一本书，尽可能记录旅桂历史名人的成就，来唤醒现代人对历史传统的认同感，对社会的使命感和责任感。本书写的都是古人，我们力求以活泼的叙述引领读者进入彼时彼地的时空，交友古人，并希望本书尽可能真实而全面，为读者了解这些对广西文化产生了重要影响的文化

名人提供些许帮助。

　　追述前贤，虔敬和欣喜之情一直在心中涌动。但愿我们能够用文字充分地传递这份虔敬和欣喜。

　　本书的出版，得到了广西壮族自治区党委宣传部有关领导同志的极大关心和支持，他们具体策划、主持和指导本书的编写工作，使得本书能够顺利完成和出版。我和相关文友具体执行了本书的组织编写工作，包括选入人物、拟订写作规范，并对全书进行最后的审定修改。参与本书编写的同志有（排名不分先后）：蒋钦挥、潘茨宣、康忠慧、李建平、梁思奇、潘大林、宾长初、黄振南、范玉春、施均显、卿助南、龚文颖、甘宁、梁宇广、梁为、孙鹏远、石慧琼、郭燕群、陈韶烽、杨小柏、覃延佳、唐基苏、杨子健、刘娟。另有已故著名作者彭匈、虞达文曾对寓桂历史人物有所撰述，我们特地收入了他们的几篇作品，以示纪念。此外，邓振福、冯辉、吴创宁、郑林、甘伟珊、黄振南为本书提供了历史人物塑像的摄影图片，张原海为本书提供了手绘插图。历史人物的画像或摄影图片，则是选自其他书籍或网站。

　　由于时间仓促，水平有限，文章中如有错漏，敬请读者谅解！

蒋钦挥<br>2021 年 6 月